LA UNIVERSIDAD EN JUEGO

ENSAYOS

Fernando Picó

Instituto de la Ciencia y Tecnología en América Latina (ICTAL)

iUniverse, Inc.
Bloomington

LA UNIVERSIDAD EN JUEGO
ENSAYOS

iUniverse books may be ordered through booksellers or by contacting:

iUniverse
1663 Liberty Drive
Bloomington, IN 47403
www.iuniverse.com
1-800-Authors (1-800-288-4677)

ISBN: 978-1-4620-5767-2 (sc)
ISBN: 978-1-4620-5769-6 (e)

Instituto de la Ciencia y Tecnología en América Laitna (ICTAL)
PO Box 190757
San Juan PR 00919-0757
www.ictal.org
787-969-1129

Printed in the United States of America

iUniverse rev. date: 11/01/2011

Índice

Nota de Agradecimiento: Al Dr. Rodrígo Fernós, por su iniciativa en lanzar esta colección de ensayos en formato digital, por su cuidado, perseverancia, ingenio y paciencia, expreso mis sentida gratitud.

Personas

El Balcón de Mi Padre

A los 64 años mi padre, Florencio Picó tomó dos decisiones importantes. Había trabajado mas de 40 años en el Gobierno y decidió jubilarse. Nunca había tenido una casa propia y procedió a adquirir una. Cada una de estas opciones estaba reforzada por una circunstancia; la primera, por el anuncio que Luis Muñoz Marín había hecho de que no se iba a postular para un nuevo término en la gobernación. La segunda, por el hecho de que el dueño de la residencia que él tenía alquilada le había avisado que necesitaba la casa para una hija.

Para mi padre, quien había sido fiel seguidor de Muñoz desde el 1938, era inconcebible un Gobierno del cual el Vate no fuera la cabeza. Recelaba de los sucesores, de su actitud tecnocrática. Vislumbraba que el trabajo en el Gobierno no sería lo mismo. Así es que en diciembre del ´64, en el último mes de la gobernación de Muñoz, se acogió al retiro. Le celebraron una fiesta, dijo unas palabras breves y sentidas, recibió su placa, y nunca mas volvió a visitar su antigua oficina. Eso sí, seguía en el periódico las peripecias de su agencia; la defendió, mientras pudo; nunca la criticó.

En cuanto a la casa, él hubiera preferido quedarse en el vecindario que conocía. Pero sus hijos lo convencieron de que comprase en una de las nuevas urbanizaciones de la periferia de Río Piedras. En la misma calle que vivía una de mis hermanas había una casa a la venta; era una buena inversión; la mayor parte de la familia quedaría cerca;

habría un jardín para mi mamá; hacía fresco. En fin, fue una buena decisión. Santurce estaba ya despoblándose; pronto se hubieran quedado los dos solos, sin familia y con pocos amigos en un vecindario que se estaba enrejando y convirtiéndose en hospedería para turistas de menores recursos.

La casa de la urbanización, fuera de algunos contratiempos con el techo, que dejaba colar agua en época de muchas lluvias, fue satisfactoria. Mi madre no tardó en tener un maravilloso jardín, hecho de ganchitos y semillas regalados en visitas y matas compradas en ferias y centros comerciales. Fueron, para los dos, años felices con celebraciones periódicas del tropel de nietos y visitas discretas de viejas amistades. Pero faltaba un detalle. La casa, como la mayoría de las residencias de las urbanizaciones, no tenía balcón.

Allá, en Santurce, en las casas alquiladas, siempre había habido balcón. La sala, la cocina, el comedor, el patio eran territorio de mi madre y mis hermanas; pero el balcón era el dominio de mi padre. Por la noche, después de la comida, se sentaba en un sillón bajo la bombilla a leer el periódico. Allí resolvía los problemas domésticos, y leía su correspondencia, mayormente cuentas, y hacía sus meticulosos apuntes en sus libretas de bolsillo; hasta allí llegaba algún vecino, y si es verdad que él lo invitaba a pasar a la sala, se quedaban en el fresco del balcón. La sala era para las visitas formales, las anunciadas; el balcón era la libertad, le informalidad, el saludo de cinco minutos.

A veces, al menos una vez en semana, abandonaba su balcón para pasar por la tertulia de la Farmacia de los Vargas en la calle Loíza, o iba a visitar a doña Millón, una prima viuda, quien también tenía sus contertulios, y se hablaba del país y de sus esperanzas. En aquella época, cuando no había televisión, se podía ir deteniendo uno frente a cada casa saludando a las cabezas de familia. En el Santurce de los balcones no había rejas, no se molestaba haciendo a la gente abrir una puerta.

En la urbanización para ir a la farmacia había que sacar el carro, y en todo caso, en el centro comercial no había con quien formar la tertulia. Todas las casas estaban cerradas, todo el mundo estaba viendo televisión, y a mi padre, a quien las incipientes cataratas le hacían lenta la lectura del periódico, también dedico sus noches a ver Hawaii Cinco-Cero y Mannix.

Pero tenía la obsesión de que la casa no estaba completa, y economizando aquí y echando cuentas allá, le puso un balcón a su casa. Enrejado, para proteger a sillones y tiestos. Con un techo de metal que lo hacía caluroso por las tardes. Pero en todo caso, un balcón en una calle que no los había, una apertura a un mundo al que no le interesaba la acera, sino el interior.

Usó muy poco su balcón. No leía de noche y la televisión estaba adentro. Por la tarde era demasiado caluroso, y por la mañana había que salir a hacer diligencias. Las visitas se recibían adentro; el balcón se fue poblando de tiestos; era una extensión del jardín, no de la casa. Se recibía allí a los vendedores y a los predicadores ambulantes; los nietos adolescentes se refugiaban allí cuando todavía venían con sus padres, antes de que tuvieran licencia de conducir. Pero a pesar de que lo usaba poco, mi padre estaba ufano de su balcón. Estaba pronto a explicar cómo lo había hecho, quién era el contratista, qué materiales habían usado, cuánto tiempo se habían tomado, quién había hecho las rejas, quién había puesto el techo; dónde había conseguido los sillones. Con el balcón había cambiado el aspecto a la casa comprada; había abierto nuevas posibilidades a la vida cotidiana. Había creado un espacio propio que no obedecía a las concepciones de Puerto Rico de los urbanizadores.

Había algo en su visión de mundo que hizo tan importante ese balcón. Como tantos de su generación, creía en el progreso. Había luchado toda su vida por una concepción impersonal del Gobierno y que este no obedeciera a bandos ni partidos, sino a la propia lógica de su autoridad y sus responsabilidades. Pero era una visión humanista del mundo. El progreso no era para trancarse y aislarse del resto del país, ni para privatizar la comodidad y asegurar la propia conveniencia. Trabajar 40 años en el Gobierno requería vocación de servicio. Vivir la jubilación en aislamiento, no era su noción de la vida, y sin embargo en su vejez su vocación no le dio mayores opciones para una jubilación moldeada por sus propios intereses y valores. Aún así, logró su balcón.

Raúl Juliá

Cuando recuerdo a Raúl Juliá, lo veo de pie, en el asiento de atrás de un carro descapotado guiado por uno de los compañeros de escuela superior, en ruta del Colegio al inevitable Chicken Inn de Hato Rey, regentado por su padre, el siempre acogedor don Raúl. El carro avanzaba por la entonces desierta carretera de Caguas. Raúl, erguido, está declamando párrafos fantasiosos de su propia invención, en plena exuberancia y alegría de la vida, y todos los demás en el carro pensamos que siempre vamos a ser jóvenes. O lo veo en las apresuradas y siempre imperfectas prácticas del equipo de voleibol del Colegio, con un historial perfecto de haber perdido no solo todos los eventos, sino también todos los juegos parciales de la temporada. Rubén Berríos era acomodador, Raúl remataba, y siempre perdíamos, y esto a pesar de que Raymond Garffer también era rematador, a quien Yiyo Emanuelli, hoy hecho una eminencia legal del mundo de los mandarines de Hato Rey, siempre le acomodaba para un remate perfecto. Pero nunca ganábamos.. No por eso dejábamos de reir, Raúl siempre tenía alguna salida; en ese mundo lo importante no era ganar, sino creernos la octava maravilla..

Raúl estaba perennemente en escena, y no dejaba de dominar su entorno. Los ojos desmesuradamente abiertos, la sonrisa ya dibujada en los labios, solo faltaba el comentario que hacía detonar las carcajadas. Joaco Fuertes le acomodaba el asunto, Rubén, siempre puntilloso, estaba listo con la objeción, pero Raúl siempre se salía con la suya. Cuatro años estuvo en el Colegio San Ignacio, desde el 1953 hasta su graduación en 1957. En aquella época el padre Francisco Migoya se inventaba una producción teatral cada año. Referente común para todos los que estuvimos en el Colegio en la época, el padre Migoya lo mismo se sacaba de la manga una obra de teatro que una actividad catequética o una discusión literaria. Raúl no le perdía ni pie ni pisada; era irreverente en sus imitaciones y maravilloso en sus explicaciones. Cuando estaba en tercer año Raúl salió en "El Condenado por Desconfiado" y en cuarto año fue el protagonista de "Don Alvaro o la Fuerza del Sino". Hay quienes pueden decir que estuvieron en escena con Raúl Juliá, porque en esta última obra lo cargaron en una camilla.

Esa alegría de vivir y esa espontaneidad creo que marcaron la vida de Raúl. Para llegar a consagrarse como actor teatral y luego de cine, tuvo que pasar largos años estudiando, practicando, representando papeles menores, y ensayando para sus grandes producciones. No siempre tuvo los mejores papeles o los libretos de mayor excelencia, pero todo lo que hizo impresionó a los críticos. "El Beso de la Mujer Araña" lo consagró como actor de primera categoría en cine; llevó con dignidad y aplomo el rol del arzobispo Romero en uso de esos típicos libretos norteamericanos sobre Latinoamérica, en que todo se reduce a fiesta y violencia, y finalmente llevó a cabo el difícil rol de Chico Méndez en una película destinada a exaltar la lucha ambientalista, causa afín a su propia visión de mundo. Pero alguna gente lo recuerda de otras maneras, o como actor en las obras de Shakespeare presentadas en Central Park, o como estrella de los locos Addams.

Hay numerosos testimonios sobre su desprendimiento y su auxilio a otras personas y entidades en necesidad.

También se habla sobre la austeridad de su vida personal. Como miembro de esa legendaria generación de los `60, Raúl fue un gran creyente en la autenticidad, valor que marcó toda una época. Los del `60, los que creíamos en Martin Luther King, y marchamos contra la Guerra de Vietnam, y creíamos en un mundo donde todos estuviéramos en paz unos con otros, y con la madre naturaleza, no podemos repetir palabras prestadas, ni afirmar consignas huecas, ni marchar al son de otros tambores que aquellos que ilusionaron nuestra generación. Raúl, que siempre fue tan auténtico en todo, que nunca pretendió ser un santo, ni buscó aureolas prestadas, sino que se ganó todos sus laureles palmo a palmo, murió sin conocer las veleidades del segundo Bush, o las prevaricaciones de los relacionistas públicos que pretenden suscitar verdades donde no hay sino oquedades. Pero nunca claudicó, fue grande por ser siempre él mismo, Raúl Juliá.

La Colección Junghanns del Archivo General

En el Fondo de las Colecciones Particulares del Archivo General sobresale por mucho la Colección Junghanns. Tarde o temprano el investigador se topa con la necesidad de consultar sus documentos e inevitablemente se pregunta: ¿Quién fue Junghanns? Leyendo los artículos que sobre él se publicaron en El Mundo entre 1943 y 1955 podemos obtener una respuesta parcial a la pregunta.

Robert L. Junghanns, natural de Poughkeepsie en el estado de Nueva York, nació en 1875, hijo de un padre alemán y una madre norteamericana. Estudió en Georgetown y Cornell. Se tituló como ingeniero y obtuvo un grado en Ciencias Naturales con especialidad en entomología, el estudio de los insectos. En 1898 decidió viajar a Puerto Rico para conocer la isla recién anexada por los Estados Unidos y le gustó tanto que se quedó por el resto de su vida. Inicialmente se radicó en San Juan, pero luego se trasladó a Bayamón, donde casó con Juanita Rivera y tuvo tres hijas y un hijo.

Dedicado inicialmente al negocio de bienes raíces en sociedad con otros, Junghanns se hizo de un pequeño capital, llegando a tener fincas en Bayamón, Caguas y Arecibo. Desde un principio se interesó por coleccionar todo tipo de documento, libro, u objeto que ayudara a documentar la historia y la cultura de los puertorriqueños. No sólo adquirió cuadros, inclusive de Campeche y de Oller, sino que llegó a acumular una enorme colección de piezas indígenas. Le compraba a vendedores itinerantes las páginas con décimas jíbaras que se vendían en los mercados. Guardó toda hoja suelta, volante, y anuncio de actividades laborales y políticas en Bayamón y su entorno. Hizo un importante acopio de periódicos y revistas de toda la isla. Su curiosidad no tenía límites, y su afán de coleccionista era sustentado por sus ingresos como hombre de negocios.

Cuando Pedreira estaba haciendo el acopio de títulos para su Bibliografía Puertorriqueña acudió, entre otros bibliófilos, a Junghanns, quien le permitió fichar una gran cantidad de libros y panfletos de toda suerte que Junghanns tenía en su colección. En 1936, por la mediación de Lidio Cruz Monclova y de Pedreira, vendió a la Universidad de Puerto Rico su biblioteca puertorriqueña por una suma nominal, queriendo que se preservase en la isla y que la Universidad se comprometiese a conservarla. Los cinco mil libros de Junghanns contribuyeron a aumentar considerablemente el acervo de la naciente Colección Puertorriqueña.

Conversaciones posteriores por traspasar a la Universidad el resto de sus colecciones no tuvieron el resultado anticipado. Junghanns murió en septiembre de 1947. El último testamento que había hecho databa de 1907, anterior al nacimiento de sus hijos, y por ese testamento legaba todos sus bienes a la Universidad de Cornell. En 1950 la Corte de Distrito de Bayamón falló que sus hijos no podían ser preteridos por el reclamo de Cornell y asumió la custodia del pequeño museo que Junghanns había establecido en Bayamón.

Un robo en 1956 de piezas indígenas de la colección Junghanns ayudó a despertar conciencia del peligro en que se encontraba este patrimonio cultural. El Instituto de Cultura Puertorriqueña adquirió de los herederos de Junghanns el acervo.

La Colección Junghanns en el Archivo General tiene los periódicos, revistas y el material impreso y documental recogido por él. Gracias a este material se puede estudiar con mayor detenimiento y precisión los movimientos sociales y políticos del área de Bayamón en las primeras décadas del siglo 20.

Doña Inés

"Llegó mi pueblo, llegó Naguabo". Con esas palabras doña Inés María Mendoza reconoció la presencia de una delegación de Naguabo en el acto multitudinario de bienvenida que se le hiciera a Luis Muñoz Marín en Plaza las Américas en octubre de 1972, palabras que harían eco en una ofrenda floral que otra delegación de Naguabo traería al entierro de doña Inés en agosto de 1990. La persona cuyo centenario se ha conmemorado siempre tuvo presente sus orígenes en su pueblo. En diversas ocasiones uno la escuchó rememorar su niñez y adolescencia en Naguabo, en los tiempos difíciles en que a los colonos azucareros se les regateaba el peso de su caña y el monto de sucrosa resultante de la molienda. Doña Inés recordaba aquellas difíciles transacciones en que los grandes exprimían sus ventajas y en que la necesidad de una extensión de crédito era juguete de arbitrarias negociaciones.

Por eso el sentido de justicia cristiana que doña Inés continuamente reclamaba no estaba derivado de disquisiciones abstractas, sino destilado de experiencias vividas, sentidas, recordadas y compartidas. Siendo puntillosamente tradicional en la expresión de su religiosidad, doña Inés a la vez era osadamente radical en la manifestación de sus exigencias por una justicia equitativa y remediadora de las injusticias cometidas contra los desaventajados. La víspera de la ocupación por la Policía de Puerto Rico de Villa Sin Miedo, aquel asentamiento espontáneo en Río

Grande que fue emblemático de toda una época, doña Inés me llamó por teléfono y me preguntó qué me parecía su idea de irse a Villa Sin Miedo y confrontar con la gente a la Fuerza de Choque. Yo me quedé sin palabras. Pasaron por mi mente imágenes apocalípticas. Pensé que Puerto Rico se conmovería en sus cimientos, que ocurriría uno de esos momentos mítico-mágicos que aturden la historia de los pueblos. No me recuerdo que le contesté a doña Inés, se que quedé electrificado. Alguien la disuadiría, quizás algún día me entere de la resolución de aquella propuesta. Pero que ella asumiera una posición de confrontación no debió de haberme sorprendido.

Si me sorprendió, es porque nunca llegué a conocerla bien. La veía como una vez al mes. Me recibía en el balcón de su casa, a veces con reminiscencias preciadas, su visita a Haití, una cena presidencial en Managua, el días de las elecciones de noviembre de 1940, a veces con inquietudes y proyectos. De muchas de sus actividades uno se enteraba sólo por la prensa. La viudez pesó mucho sobre ella. No quería permanecer pasiva ante los problemas del país, pero se veía precisada a encontrar maneras discretas de hacerse oír. Desarrolló entonces su veta literaria, escribiendo columnas en los periódicos, siempre atinada al identificar un problema, siempre gentil al ofrecer una respuesta.

Detestaba las ambiguedades y los embelecos protocolarios. Asumía con naturalidad su poder de convocatoria. Aquella vez que fue a Juana Díaz, al Fuerte Allen, a piquetear contra el encerramiento de los haitianos indocumentados resultó en su memorable encuentro y abrazo de Lolita Lebrón. Yo creo que los gabanes se estremecieron en aquella ocasión, que se atusaron los bigotes y tragaron hondo. Pero el pueblo comprendió y celebró aquella ocasión; en la novela social puertorriqueña era una estampa deseada. Nunca mas los federales osaron usar a Puerto Rico de esa manera; quizás sin doña Inés la desgracia y el bochorno de Guantánamo hoy nos hubiera tocado.

Necesitamos mujeres y hombres así, que piensen con claridad y rectitud, que sean consecuentes, que sean atrevidos en sus acciones y diáfanos en sus palabras. En fin de cuentas, eso es lo que la doctrina cristiana nos recuerda que debemos hacer, "obrar la justicia y la paz"

El Ronin

AQUELLAS MARAVILLOSAS PELÍCULAS JAPONESAS de Kurosawa y su escuela que aparecieron en las pantallas de las décadas de los 1950 y los 1960 ocasionalmente hacían protagónica la figura del ronin, el caballero que se había quedado sin señor, sea porque este hubiese sido desposeído, sea porque el caballero hubiera perdido su favor. Era un ser misterioso, valiente, siempre errante, nunca predecible, que evocaba un pasado legendario y que vivía siempre al borde de la desesperanza y el caos. Hoy día en el Japón se llama ronin al estudiante que no tiene universidad, porque ha fracasado en su examen de entrada, pero persiste en prepararse para tratar de nuevo.

Esta figura sin nicho y sin rol del Japón señorial tiene su contrapartida en otras figuras nacionales, como el vaquero solitario de los westerns americanos, el gaucho errante argentino, el excéntrico aventurero inglés o el indígena australiano en su walkabout.

¿Hay ronin en Puerto Rico? La presunción es que sí, pero ¿a qué figura atribuiríamos ese mote? Yo me aventuraría a explorar la figura desapercibida del profesional realengo.

Esta es la persona que tiene todas las credenciales para ejercer un papel importante en la sociedad, pero por alguna sinrazón o asimetría de la vida puertorriqueña, no tiene la oportunidad de ejercer sus mejores talentos. Anda de contrato en contrato, intelectual chiripero, profesional que sustituye en tiempos fuertes o en vacaciones, ayudante perpetuo de ejecutivos celosos, en búsqueda siempre de una oportunidad quimérica.

El profesional desarraigado te puede hablar un poco de cada tema, porque con todos se ha topado, pero mientras mas conoce del asunto del momento, mas se olvida de aquello que lo hubiese cualificado para tener su propio nicho en la profesión. -Vete de Puerto Rico, le dicen, en California están contratando, hay estados del centro que pagan lo que tu quieras.

Pero el ronin sabe que no es verdad, que con los años tiene menos oportunidades allá y mas lazos que lo amarran acá. Un cierto fatalismo le induce a pensar que en el momento en que se suba a ese avión para aceptar un contrato en Texas o Luisiana, aparecerá la oportunidad soñada acá, y entonces será un joven recién graduado quien obtendrá la plaza.

El ronin lee u oye las noticias al revés de sus conciudadanos. Está siempre atisbando la pista que lo lleve a una oportunidad. ¿Hay crisis? Eso quiere decir que va a haber contratos temporeros, ahí él siempre tendrá una oportunidad. ¿Vienen a entrevistar los reclutadores de Estados Unidos? Quizás alguien se vaya y quede acá una plaza vacante.

La realidad es que el país siempre tiene un número limitado de nichos para cada profesión. Siempre habrá profesionales en reserva que prefieran la verde luz de monte y mar. Con el tiempo el ronin idealizará su situación. Es por ideales que sufre. No se va, porque hay un padre o una madre enferma, no emigra, porque se necesita gente que diga la verdad, no acepta condiciones de empleo, porque no quiere claudicar.

El ronin tiene su anecdotario, que va desplegando cuando tiene una audiencia que sintoniza con él. -Es por principios, dice el ronin, es porque no estoy dispuesto a... Sus interlocutores asienten con desgano y dan pistas a granel. -En Gurabo necesitan, lo oí ayer..

Comunidades

La Universidad en Juego

"*The play's the thing, wherein I'll catch the conscience of the King*". La obra de teatro representada por los actores itinerantes en Hamlet saca a la luz la íntima realidad que todos los personajes hasta el momento han tratado de disimular. Un drama dentro de un drama teatraliza las líneas fundamentales de una situación humana suprimida. El juego de la representación hace posible sorprender al otro fuera de los lindes de su propia actuación. El rey fratricida es develado como actor que juega a ser hermano compungido y tío compasivo. La representación ha logrado revelar que sus espectadores son actores.

De las muchas formas lúdicas de agarrar la realidad, el teatro ha sido la mas evidente y prestigiada en la tradición occidental. Pero no es la única. Como Johann Huizinga ha señalado en Homo Ludens, muchísimas facetas del quehacer humano tienen una dimensión de juego. La diplomacia, la guerra, los tribunales, la enseñanza, el comercio, la política, la medicina y el psicoanálisis suponen un despliegue de tácticas de juego entre las cuales podemos fácilmente advertir la asunción de papeles que constituyen el elenco esperado de cada representación profesional. Los diseñadores de la teoría matemática de juegos pudieron detectar los elementos básicos de situaciones humanas, con o sin competencia, que se resuelven a partir de determinaciones lúdicas. Las aplicaciones de esta teoría en la economía y en la ciencia militar han dado resultados sorprendentes.

En el quehacer humano el juego teatral es quizás el más fácil de detectar. Son actores los embajadores, los generales, los abogados, los jueces, los maestros, los comerciantes, los candidatos a puestos electivos, los médicos y los psiquiatras. Desempeñan bien o mal sus roles asignados el policía, el sacerdote y la azafata de la aereolínea. Hay un libreto, escrito o no, para cada profesión, y lo conocen los cajeros de los bancos, los dependientes de las tiendas y los trabajadores sociales. Cada cual representa ese libreto según sus capacidades y entendimientos. Nadie espera que la cajera en un Burger King se torne dietista y aconseje la ensalada en vez del whopper doble carne, ni quisiera que el policía se tornase en juez ni el banquero en psicoanalista. Juzgamos la capacidad de una persona por su desempeño del papel que se le ha asignado, por cuan bien representa el personaje.

En el ajedrez del diario vivir hacemos las consabidas jugadas de apertura, sacrificamos los peones de nuestros deseos espontáneos para poder mover las grandes piezas de nuestros intereses a largo plazo. Nuestras resistencias y nuestras apropiaciones muchas veces asumen un carácter lúdico. En las relaciones humanas recurrimos al juego para significar nuestros afectos. La perenne partida para mantener equilibrada la libreta de cheques no pocas veces evoca juegos infantiles del pescao, la cuica y el escondite. En el Rayuela de Cortázar reconocemos nuestras maneras arbitrarias de representar y explorar nuestras vidas. Hasta enfermos movilizamos tácticas lúdicas para eludir las medidas mas severas del doctor o los inconvenientes de la compasión ajena. Siempre tenemos barajas escondidas que esperamos resuelvan los aprietos; a veces la baraja escondida es un dinerito guardado dentro de una media, o un remedio casero, o una amistad de la escuela que está ahora en el gobierno. A veces la baraja consiste de una enseñanza estoica, o una tácita resignación a lo absurdo, o es Dios. Quizás, con una paciencia de hormiga, algún matemático pueda reducir todas estas transacciones a una nueva teoría de juegos.

I

Los académicos también jugamos. Probablemente nadie ha ficcionalizado mejor el juego intelectual que Hermann Hesse en Magister Ludi (Juego de Abalorios), su novela sobre un excepcional participante de un juego que nunca se llega a especificar. Sólo se nos dice:

> Una jugada podía partir de una configuración astronómica fijada o del tema de una fuga de Bach o de un pasaje de Leibniz o de los Upanishads, y desde el tema, según la intención y la capacidad del jugador, se podía proseguir y elaborar la idea madre evocada o enriquecer su expresión, con ecos de ideas vinculadas con él. Si el principiante sabía establecer, con los signos del juego, paralelos entre una música clásica y la fórmula de una ley física, para un conocedor y maestro el juego conducía libremente desde el tema inicial a ilimitadas combinaciones.

Nunca sabemos cómo se juega y en qué consiste la partida, pero toda la novela está imbuida de la dinámica lúdica que absorbe y acapara la vida del protagonista. Es tanto una representación del intelectual que se afana por relacionar fenómenos como de todo ser humano que prolonga la partida con su mortalidad en la esperanza de un desenlace imprevisto.

En los dos niveles se despliega el afán universitario por barajar el conjunto de realidades que llamamos mundo, en el nivel de los conceptos y en el nivel de las vivencias. A los estudiantes que ingresan en nuestras aulas le presentamos un universo sujeto a la racionalidad científica. Las leyes de la física, de la química, de la biología, los axiomas de las matemáticas, los principios que delimitan cada disciplina, la rigurosidad que rige el desempeño de las profesiones, la claridad de los métodos de investigación y verificación, los ordenamientos gramáticos, las reglas de la hermenéutica, la inevitabilidad de los métodos de contabilidad, la necesaria distinción y jerarquía de las instituciones, el imperativo de la exactitud en la computación, todo el ensamblaje de los saberes se sitúa en un ordenado escenario de racionalidades que se postulan como compatibles y complementarios.

Espoleado por tantas seguridades el estudiante avanza confiado en esa galería de paisajes y bodegones que reclaman constituir el conjunto posible de las representaciones de la realidad, amparando el anhelo de que algún recuadro recoja el perfil de su sentir. Pero según progresa por el impresionante muestrario de los saberes humanos le va picando el escozor de una intuición. Aquello que él o ella siente, las dificultades concretas que encuentra, sus angustias, ansiedades y deseos mas profundos sólo a tientas puede reconocerlos en los panoramas representados. Se percibe como viviendo en dos niveles, uno el de sus clases, laboratorios, exámenes y ensayos universitarios, y otro el de la calle, el hospedaje, el trabajo, el fin de semana, el de su vida íntima y su situación personal.

Llega un momento en que los acicates de un mundo devaluan las exigencias del otro, y es mas previsible que la cotidianidad desbanque a la racionalidad que lo opuesto. Puede darse entonces o un abandono de los estudios o simplemente un acomodo. En este último caso se le sigue prestando acatamiento al mundo de la racionalidad, pero es una mera observancia, un rito de contestar preguntas de exámenes, llenar requisitos, reunir los créditos necesarios y graduarse. El fuego interno se ha apagado, el afán de participar en el torneo intelectual, de romper lanzas por algún ideal, de encontrar, descubrir, inventar se ha desdibujado. A pesar de todos los créditos que el Registrador le adjudique, el estudiante dejó de ser universitario; está matriculado, pero sus intereses son ajenos a sus rutinas estudiantiles.

II

En espíritu ha desistido de la universidad, y sin embargo sólo había llegado a la antesala de ella. Quizás dudó si había allí algo mas que esos saberes que le parecían disecados, pero sólo alcanzó a percibir estancias mal iluminadas cuyos catálogos suscitaban escaso interés. No vió mas juego posible ni otra cancha que aquella ya reconocida, y el afán intelectual se le ocurrió una quimera, un entretenimiento quizás, en todo caso una palestra poco rentable, predecible e inconsecuente.

Si hubiera avanzado un poco mas en el juego quizás su opinión no hubiera cambiado sustancialmente, porque en su segunda etapa la partida es mas exigente. El mundo y los saberes ya no se representan como ordenados y coherentes, sino como frutos del azar, la arbitrariedad y los entendidos a medias. El lenguaje resulta insuficiente y ambiguo, la observación depende de la situación del observador, las disciplinas pierden sus contornos, y los métodos de investigación son sólo acuerdos entre caballeros y damas para respetar las reglas del juego. No hay armonía entre la macrofísica y la microfísica; el acceso ilimitado a la información no garantiza su interpretación; las grandes obras de la literatura y la filosofía resultan ser sólo el acervo arbitrariamente escogido de un fragmento de la humanidad. Los proyectos nobles y generosos se develan como entrejuegos de personalidades capaces de sublimación. Como el listado de los deportes considerados olímpicos, el elenco de las materias universitarias se plantea como fruto de negociaciones contenciosas, “te doy tres créditos mas en inglés si me respaldas en hacer un requisito la historia del arte". La educación universitaria resulta ser un buffet dominical en el cual por un precio razonable uno se puede servir todas las cosas picantes y dulces sin tener que comerse los vegetales.

En esa etapa de la partida intelectual, el actor humano, lejos de representar un agente conocedor y responsable del orden, se representa como el máximo trasgresor del cosmos, dilapidador ecológico, depredador de su propia especie, sólo y abandonado en una esfera rotante de un pequeño sistema planetario en un rincón de una entre cien billones de galaxias. El universo antropocéntrico del siglo 15 ha cedido al caos centrífugo del 21. La vida no tiene otro significado que el que por conveniencia le adjudiquemos; el saber es una ilusión acordada.

El sinsentido de los saberes en esa etapa del aprendizaje universitario contrasta con las vivencias que los y las estudiantes para ese entonces tienen. Le han cogido el gusto a la vida universitaria. Pertenecen a grupos y asociaciones, han identificado su área de mayor concentración, han desarrollado amistades, han recibido remuneración en algún trabajo, han asistido a conciertos, representaciones teatrales, cineforos, talleres, tertulias y conferencias, quizás han viajado, posiblemente se han independizado de la tutela familiar. Han tenido alguna medida de éxito y se sienten mas seguros de sí mismos que cuando llegaron como prepas. Todo esto quizás les exima en algo de cobrar conciencia del desesperado estado de su búsqueda de conocimientos. La teoría y la praxis se habrán distanciado, pero es agradable estudiar en grupo, deja memorias gratas repasar las fotos de aquel taller, aquel viaje estudiantil, y viste mucho hablar de futuros alternos, de maestrías y doctorados, escuelas de medicina y de derecho. Si el mundo es ulteriormente absurdo o no, se lo dejan a los filósofos; por el momento la tarea es el laboratorio, el seminario, la práctica.

En esas experiencias concretas en que tantean las posibilidades y los alcances de su disciplina escogida los estudiantes pueden tener la suerte de toparse con algún profesor o profesora extraordinaria, que les exija mas, les rete, les confronte y cuestione, les devuelva sus trabajos todos garabateados y comentados, y en el curso de compartir una taza de café o un refresco, le hagan la pregunta o la observación que sirva de acicate para el resto de sus vidas. Quizás no sea un docente quien provoque, sino un compañero o compañera de estudios, una lectura accidental, unas imágenes acuciantes. Si esta experiencia se da, la universidad habrá sido algo mas que la proveedora de una formación técnica y de algunas destrezas burocráticas.

Aquel o aquella estudiante que tiene la suerte y la capacidad de plantearse el significado ulterior de sus estudios buscará afanosamente incorporarse a la tarea intelectual, al equipo de grandes ligas. La formación universitaria para él o para ella dejará de ser el tour de force de recolectar créditos necesarios para graduarse, y habrá venido a perfilarse como la peregrinación, la búsqueda del Santo Grial, la subida al Monte Everest. Reflexionará, y se dará cuenta de las escandalosas lagunas en su disciplina, las maravillosas oportunidades de investigar y descubrir, analizar y conciliar saberes. Sentirá impaciencia, empezará a cuestionar a sus profesores y sus textos, y detrás de cada ejercicio de explicación detectará las prácticas dudosas de una representación incompleta.

III

Y es en esa coyuntura cuando la universidad consolida su éxito o se manifiesta insuficiente. Es por ese pequeño trecho en la vida del estudiante que la universidad se desvive. ¿Cuajará la integración de sus saberes, prenderá el fuego inextinguible de su compromiso intelectual, se dará el injerto del afán universitario en el árbol de la vida, o tendremos un graduado mas, una graduada mas con título suficiente para una plaza probatoria en alguna empresa o institución, crédito en un banco, tarjeta de presentación, estacionamiento reservado? Si la universidad sirviera sólo para asegurarle un empleo a sus graduandos pudiéramos sustituirla con el internet. Por pequeña que sea cualquiera biblioteca municipal, siempre tendrá espacio para almacenar la suma de todos los conocimientos con que un universitario se gradua. Por eso, aunque las bibliotecas están al centro de la vida universitaria, no podemos confundir una universidad con una biblioteca. Un campus universitario sin biblioteca es meramente un parque de recreación pasiva, pero una biblioteca universitaria sin lectores es sólo un paraiso prometido para la polilla.

¿Y quién estimula a leer? Leer, no para buscar datos, como se lee la Guía Telefónica, leer no para adornar con citas bonitas un calendario, sino leer hasta devorar un libro, hasta entender su tuétano, hasta desmenuzar sus huesos, leer como se lee sólo cuando hay hambre de leer, cuando la muerte de Sócrates es noticia y acompañar a Dante en sus jornadas provoca pesadillas, leer cuando se lee lo que ha sido prohibido y se genera la convicción de que está prohibido prohibir.

¿Quién motiva a leer así? Sólo lectores pueden iniciar a lectores, sólo el que tiene el secreto puede divulgarlo. Cuando en el elenco de docentes universitarios hay grandes lectores, es inevitable que contagien a sus estudiantes. Hay estudiantes que le rebuscan los libros al profesor, que van corriendo a la librería o a la biblioteca a buscar una copia, que están ansiosos de tenderle trampas, a ver si lo leyó todo, que se leen hasta las reseñas del libro para poder entablar una discusión. Estudiantes así son peligrosos, quieren saber mas que uno, son capaces de hacer preguntas la clave de cuyas contestaciones sólo ellos la tienen, estudiantes así, que acechan, intimidan, muerden y despedazan, hay que salir de ellos, hay que enviarlos a escuela graduada, hay que doctorarlos, para que dejen a uno en paz y con suerte lo releven a uno en la cátedra.

En una universidad donde se lee mucho, se piensa bastante, y si se piensa, hay quien escriba. El problema que confrontamos en el mundo universitario puertorriqueño es que no se escribe lo suficiente. Para empezar hay muy pocos profesores de cursos de educación general o de cursos requisitos de facultad que requieran trabajos escritos de sus estudiantes. Aún más, muchas veces los exámenes, tanto parciales como finales, no son de discusión, sino de escoger una de cinco, parear, llenar blancos y hasta de cierto y falso. Los estudiantes estudian para reconocer la respuesta, pero por su cuenta no pueden enunciarla. Saben vincular los títulos con los autores, pero no tienen que dar cuenta de las obras. Se gradúan sabiendo que Maquiavelo escribió El príncipe, Hobbes el Leviatán, y Marx El Capital, pero nunca podrán expresar en sus propias palabras qué dicen esas obras, y qué tienen que ver con nuestro mundo. Se les escuchará luego afirmar que El Príncipe es una novela un tanto lenta, Leviatán un comentario bíblico y El Capital una introducción a la banca. Da lo mismo que lo digan o no, porque sus pares en la sociedad no reconocerán la diferencia. Pero el problema no es que no sepan hablar de El príncipe, pero que vivan y paguen impuestos y voten en una sociedad donde el príncipe de turno manipula y tuerce los medios a su antojo, y la corrupción se representa como un desliz, y el atropello policial como una exageración, eso es grave. Que no se entienda qué es la política, el juego político, el entrejuego partidista, el rejuego metropolitano, porque no se quiso discutir la esencia del estado y de la vida pública en una universidad, eso es fatal.

Sólo induciendo al estudiante a articular su pensamiento por escrito podemos iniciarlo en la plena capacitación de su aptitud crítica. Admitámoslo, eso requiere mucho trabajo. En otras latitudes hay asistentes de cátedra que se encargan de corregir estos trabajos. No es justo que un profesor que tiene seis secciones tenga que corregir 150 monografías una semana antes de las Navidades. Es verdad, pero si le pagamos a un profesor cabalmente por cuatro secciones, no tendrá que estar enseñando seis para sobrevivir económicamente, y si utiliza el tiempo bien remunerado para esas cuatro secciones pudiera enseñar a sus estudiantes a pensar articuladamente, por escrito.

Pero no coloquemos toda la responsabilidad en los profesores de cursos introductorios o de compendio. Es en la concentración donde la capacidad de redactar requiere cultivo, abono, poda e injerto. Que un estudiante de Educación no sepa ensayar una comparación de Piaget y Freire, que no pueda diseñar por escrito una estrategia pedagógica, que sea incapaz de explicar las maneras alternas de integrar nuevos conocimientos a currículos rebasados, y graduarlo así, eso es sentenciarlo a treinta años de mediocridad y frustración. Maestros que no saben escribir, ¿cómo van a enseñar a pensar?

Sin embargo, no se trata sólo de consideraciones sobre la práctica de tal o cual profesión. Para poder integrar los saberes, para rebasar esa etapa en que todo aparece desmenuzado, incoherente y contradictorio, hay que aprender a plantear problemas, organizar respuestas, analizar, resumir, exponer, arguir, llegar a conclusiones. Un ciudadano educado en una democracia no puede pretender menos. Si no puede razonar, no puede detectar las trampas y los sofismas de quien lo quiere manipular. No tendremos gobiernos de iguales para iguales cuando dos imágenes y una cancioncita valen mas que el análisis de un programa político.

El que aprende a escribir bien, desarrolla la destreza de pensar ordenadamente. Si renovamos los contenidos de nuestros cursos, pero no sus requisitos, incluyendo el de escribir, habremos avanzado poco en el camino de una reforma curricular. Pero aún logrando ésto, no se ha conseguido esa cristalización de saberes, esa integración de conocimientos que aseguran la agilidad de un proceso de educación permanente.

Aquí es cuando ayuda recordar la dimensión lúdica de la vida intelectual. Imagínense a un arlequín, un manejador de marionetas, un mimo, y un funámbulo discutiendo sobre cuál sería el método mas efectivo de ganarse al público. El arlequín diría que el secreto está en hacerlos reir desde el primer momento. El manejador de marionetas afirmaría que lo importante es capturar su imaginación. El mimo sostendría que lo esencial es mantener al público en suspenso. Y el funámbulo argumentaría que sólo el que se juega la vida puede completamente interesar al espectador. Para nuestro público, los docentes universitarios a veces hacemos el papel de arlequín, a veces el de titiritero, no pocas veces el de Marcel Marceau, pero es sólo cuando caminamos por el alambre tendido sobre el vacío que monopolizamos el interés de nuestra audiencia. El verdadero test es el de la autenticidad. Con palabras podemos compaginar concordancias entre disciplinas y vida cotidiana; podemos decir cosas bonitas sobre la integración de los saberes; podemos hacer compromisos rituales con la investigación; pero sólo nos creen cuando es obvio que estamos entregados a nuestro oficio, al punto de arriesgarlo todo por ser consistentes, íntegros, y consecuentes.

Son pocas las veces que algunos pueden estar llamados a hacer ese performance vital, como son pocas las veces que los puentes o los diques son verdaderamente puestos a prueba. Lo necesario en los puentes y diques es que inspiren confianza, no sólo cuando están bajo embate, pero también cuando evocan en sus frecuentadores el suficiente sentido de solidez para asegurar el pasadía sosegado. Las personas cabales tienen esa capacidad de inspirar confianza en todo momento. Es cómo viven sus convicciones lo que hace la diferencia.

Cuando son universitarios el desempeño existencial de estas personas cabales es lo que finalmente inspira confianza en la empresa intelectual. El jugárselas, como se la juega el funámbulo, implica vivir siempre en expectativa y en preparación, sin el sobrepeso de retóricas y recetas pedagógicas. El funámbulo no se agita por ruidos rutinarios, rumores de voces, improperios intempestivos. Sus energías están dirigidas a su actuación y desde la vertiginosa altura de su oficio explora hasta el límite los precarios balances de la física newtoniana y aprecia las estabilidades que permiten su performance.

Es en la tercera etapa de su vida universitaria que el estudiante comprende que la universidad es el circo máximo, olimpo de los trapecistas del intelecto, vitrina fija de los monstruos de la investigación, jolgorio y justa, teatro y pista, menagerie y presdigitación, donde se armoniza la contradicción y se duda de la verdad consentida. El estudiante que llega a entender eso, que bajo una misma carpa caben Einstein y Santa Teresa, Freud y San Agustín, Aristóteles y Gandhi, el Popol Vuh y el Viaje del Beagle, los estudiantes que pueden integrar dentro de una misma función todos los espectáculos de una tarde de su vida llegarán a sospechar que en su tercera etapa, mas allá de los conocimientos memorables y las teorías deconstruccionistas, está el placer de contemplar el conjunto y saltar del asiento al ruedo de los leones. Esa trasgresión necesaria, que los convierte en actores, que afirma su subjetividad, asegura la continuidad del circo, e inclusive hace algo mas, muestra, en fin de cuentas, que para que haya circo tiene que haber espectadores, que los espectadores son actores, que son sus murmullos, expresiones de sorpresa, risa, aplausos los que constituyen al circo en espectáculo y el espectáculo en significado.

La particular irreverencia de representar a la universidad como un circo no dejará de agitar a algunas personas todavía comprometidas con la universidad como fortaleza de la razón o baluarte de la cultura nacional. ¿Será posible que estas dos etapas históricas han sido rebasadas y la universidad no puede representarse de otra manera que como un espectáculo? Pero la metáfora del circo no sólo abarca el papel de espectáculo, sino también la vigencia de una comunidad que hace posible que el espectáculo continúe. Una comunidad que a pesar del colapso de paradigmas y de discursos todavía convoca a un público ávido de la calidad de su performance.

Calidad y no cantidad. La universidad no está en el negocio de embalar y embarcar objetos, tabulando, unos para una carrera, otros para otra, tantos en pre-médica, tantos en administración de empresas, graduamos trescientos, ubicamos un gran por ciento en Leyes, otros tantos en Ciencias Médicas. Es verdad que algunos miden el éxito institucional por tales cantidades; siempre será fácil contar cuerpos, pero la medida cualitativa, la que diferencia una gran representación de un ensamblaje mediocre, esa eludirá todas las contabilidades.

Pero entonces ¿cuál es el rol social de la universidad? ¿A quien le responde? ¿Queda desvinculada del proyecto público del estado? ¿Está abocada a enmarcarse en discursos de excelencia, que descentran la vocación universitaria tradicional por la docencia y la investigación, y miden el éxito por la cantidad de apoyo que se recibe de fondos externos y de contratos con la empresa privada? ¿Admitiremos que los protagonistas de esa excelencia no son ya los profesores dedicados y los estudiantes brillantes, sino los administradores que aseguran el flujo de dinero? ¿Compraremos la noción de que los estudiantes son meros consumidores a los que se les venden unos servicios y los profesores unos asalariados cuya productividad se mide por su habilidad en vender esos servicios? ¿Acabaremos aceptando la noción de que los contenidos de los cursos no son tan importantes como la destreza con que se enseñan? En fin de cuentas, al renunciar a los modelos tradicionales de universidad, ¿no habremos renunciado al mito fundacional mismo que nos sostiene y nos anima?

Admito que no tengo las respuestas a todas esas preguntas, pero si creo que hay una pista importante para su averiguación. En el lenguaje nuevo que se utiliza para medir el éxito de una universidad hay un fuerte elemento metafórico. El accountability que se invoca es una palabra de crasa raigambre empresarial; en español la traducimos por responsabilidad, pero en inglés está derivada del lenguaje de los contables. Si sólo usamos la racionalidad del mercado para medir el éxito de una universidad y redujéramos el menú académico a la ley de oferta y demanda nunca tendríamos cursos que hicieran pensar y trabajar mucho. Química orgánica nunca ganará un concurso de popularidad. En un programa hecho para satisfacer la exigencia del menor esfuerzo filosofía hegeliana y cálculo diferencial nunca tendrían un nicho. Leer a Shakespeare es mucho trabajo; mejor dar un curso de inglés basado en tirillas cómicas.

La universidad que base su currículo en la ley del menor esfuerzo acabará como esas tristes escuelas que otorgan certificados de asistencia y premios de simpatía. Nadie va a desarrollar músculos ejercitándose con pesas de algodón; nadie va a desarrollar pensamiento crítico si sólo se nutre de papilla intelectual. La calidad universitaria se mide por la capacidad de los estudiantes y profesores, no por sus muchos créditos, contratos y reconocimientos públicos.

¿Qué hace grande a una universidad? Lo que hace. Y lo que hace depende de sus miembros constituidos en comunidad, de su entorno, de sus recursos, incluyendo su tradición, y de sus retos. De la manera como define los problemas y la manera como actúa sobre sus definiciones. Si entiende su entorno reconoce los retos fundamentales del momento y actúa sobre ellos. No es indiferente al mundo, pero es diferente, y esa diferencia garantiza su actitud crítica, su creatividad, y su voluntad de actuar. Crítica, crea, y actúa en su propio estilo, con los usos y costumbres del gremio universitario, en la buena tradición de una *universitas ludens*.

La Herida Que No Sana

La relación de la Universidad de Puerto Rico y el Colegio San Ignacio es una de afecto y repulsión, el love/hate relationship que tanto ocupa a los novelistas y cineastas. Por un lado son muchos los ignacianos que han estudiado, enseñado y trabajado en la Universidad de Puerto Rico, y son muchos los egresados de la Universidad de Puerto Rico que han enseñado y trabajado en el Colegio San Ignacio o que han enviado sus hijos a estudiar aquí. Por otro lado no han sido infrecuentes las veces que los muchachos del Colegio han recibido advertencias sobre los peligros de la Universidad de Puerto Rico, donde se pierde la fé, se contagia uno con la militancia política o se rinde uno a los placeres del dolce far niente. Estridentes han sido las expresiones de ignacianos que al calor de sus experiencias universitarias se distancian de su formación de escuela superior, y tampoco han sido discretas las voces docentes universitarias que insinúan que los muchachos de la sortija del león rampante a veces han proyectado arrogancia.

Es por lo tanto un ejercicio arriesgado el que les propongo se propone en este ensayo. Arriesgado, porque si se dora la píldora y se minimiza las diferencias entre las instituciones, se pone en juego la credibilidad del ejercicio, pero si se examina clínicamente la relación de amor y repulsión de los aludidos se corre el peligro de ofender el recato de los anfitriones. Por eso se solicita la benevolencia de todos, aduciendo la anotación aquella de los Ejercicios

Espirituales de San Ignacio en que se pide al ejercitante que aplique la construcción del sentido de las palabras que sea más favorable.

Necesidades de la Sociedad Puertorriqueña

Ambas instituciones educativas, la Universidad de Puerto Rico por encomienda de los estatutos que la rigen, y el Colegio San Ignacio por el proyecto apostólico que lo orienta, se han propuesto servir las necesidades de la sociedad puertorriqueña. Pero ¿cuáles son esas necesidades? ¿Quién las define?

En los últimos cincuenta años hemos visto la rápida disolución del viejo orden social puertorriqueño y el surgimiento de una nueva sociedad urbana, industrializada y más igualitaria que la anterior. Muchas de las tensiones y fisuras en nuestra sociedad reflejan la rapidez del cambio social. Concepciones divergentes de orden, de respeto, de solidaridad vecinal y de lealtad familiar complican la vida cotidiana y ponen a prueba los límites de la tolerancia social. Mientras por un lado se disolvían las viejas concepciones jerárquicas que privilegiaban a las grandes familias terratenientes y a los pocos profesionales y funcionarios públicos, por el otro lado fueron naciendo las distinciones basadas en la solvencia económica y el consumo conspicuo. Las élites desplazadas del poder económico y político reclamaron una hegemonía cultural basada en su capacidad para evocar el pasado en que habían disfrutado de ascendencia y prestigio. Las nuevas clases medias aspiraron a redefinir la cultura puertorriqueña para hacer valer aquellos aspectos más identificables con las identidades heredadas o reconstruidas, como la herencia africana, las luchas laborales, especialmente de las mujeres, las tradiciones artesanales, la cultura oral y la defensa del paisaje. De esta manera el terreno cultural se convertía en zona de conflicto entre los que pretendían definir la cultura puertorriqueña en unos u otros términos. Elaboraban historias distintas los que se ufanaban de que sus antepasados tuvieran esclavos y los que proclamaban en sus camisetas que haber tenido antepasados esclavistas constituía una vergüenza. Para crear el consenso social necesario una de las tareas urgentes de nuestra sociedad ha sido redefinir ampliamente nuestra cultura, para que todos los sectores sociales encuentren cabida.

Ese consenso social supone la aceptación del pluralismo político y religioso como un hecho insoslayable de nuestra realidad. Aunque todos reconocemos que vivimos en un país de varios partidos, muchas iglesias y distintas tradiciones religiosas, no siempre estamos dispuestos a asumir las consecuencias de esa realidad. Cuando se escriba la historia de la tolerancia en Puerto Rico quizás la década de los 1980 figure como el período decisivo en la formación de actitudes más abiertas hacia el otro y la otra en materia política y religiosa. Pero todavía estamos bastante lejos de haber extinguido todas las manifestaciones de prejuicio, no solamente en esos renglones, sino también en el racismo, el machismo, la homofobia y la xenofobia. El fomento de la tolerancia en una cultura de paz es uno de los grandes retos para los educadores hoy.

Los cambios económicos y sociales de los últimos 50 años han propiciado también el desarrollo de estilos y rutinas de vida que han alterado drásticamente los patrones heredados de sociabilidad. En una típica reunión familiar o fiesta profesional de hace 50 años encontrábamos una división genérica, con las mujeres en la sala y los hombres en el balcón o la terraza. En una casa había espacios masculinos y espacios femeninos, y esta división se traducía también en los espacios públicos; como decía el refrán, "El hombre en la plaza y la mujer en la casa". Hoy día las mujeres tienen entrada a casi todos los oficios y funciones públicas y ese hecho se refleja en su apropiación de los espacios tanto públicos como privados. Pero aunque en el sector laboral y en la vida pública las diferencias genéricas se han achicado, no ha ocurrido lo mismo en la vida privada. Por eso es tan importante que los educadores fomenten la reflexión sobre los reclamos de las mujeres a la igualdad.

Los avances de la mujer en el ámbito profesional y político han tomado a muchos hombres por sorpresa, quizás porque no recibieron una educación que los capacitase plenamente para vivir en un mundo de acelerados cambios. Para enseñar a vivir con el cambio puede ser que hemos confiado demasiado en los medios de comunicación pública y no suficientemente en la educación formal. Con la cultura de la globalización el ritmo del cambio social y cultural es tan rápido que urge preparar a los jóvenes para vivir en un mundo donde las premisas y los parámetros de su mundo pueden mudarse con enorme facilidad. Los avances en el estudio de muchas disciplinas implican ajustes y revisiones continuas en nuestras concepciones de la realidad. Los que no revisan periódicamente los lindes de sus conocimientos se encuentran de pronto aferrados a unos fundamentalismos desfasados en medio de un torrente de nueva información. Los que en los 1970 denunciaron los transplantes de corazón y en los 1980 las fertilizaciones in vitro ¿qué no estarán diciendo en los 2020 sobre las aplicaciones terapéuticas de los avances en los conocimientos genéticos? Si educamos a los jóvenes para que aprendan por su cuenta más allá de su formación académica y no dejen anquilosar sus conocimientos los preparamos para vivir en este siglo y no en el pasado.

Esa educación debe conllevar una especial sensibilidad para los sectores marginados de nuestra sociedad. En un mundo de cambios acelerados muchos de nuestros compatriotas han quedado económica y culturalmente desplazados. Esta realidad implica el desarrollo de destrezas críticas para discernir y actuar en las nuevas coyunturas. No es la menor de estas destrezas poder cuestionar quien define y como se define las prioridades de nuestra sociedad.

Los educadores puertorriqueños ante las necesidades de Puerto Rico en la segunda mitad del siglo 20: Evolución de visiones sucesivas

Las necesidades de la sociedad puertorriqueña han evolucionado según el país ha pasado por sus distintas etapas de desarrollo económico y cultural. Pero ¿cómo han atendido los educadores las necesidades? En muchas profesiones la gran tentación es atender sólo aquello para lo que uno ha sido adiestrado, de tal manera que algunos profesionales acaban dedicando sus energías a buscarle soluciones a problemas que ya se han rebasado o se han modificado. Cuando los educadores ceden a la tentación de formar a sus estudiantes en la solución de problemas obsoletos, el costo social es doble, porque le han concedido credenciales profesionales a personas que tratarán de resolver asuntos que ya eran caducos cuando sus maestros les enseñaron.

Repasemos rápidamente las etapas principales que ha recorrido la educación superior en Puerto Rico en las últimas cinco décadas. Hacia principios de los años cincuenta la educación universitaria en Puerto Rico privilegiaba los grandes autores de la tradición occidental. El propósito principal de la educación universitaria parecía ser desarrollar el instrumental crítico para comprender el acervo cultural de Occidente. La universidad valorizaba los grandes hitos en el desarrollo de la cultura occidental. Hacía hincapié en las genealidades de los griegos, los alardes del renacimiento, los cuestionamientos de la ilustración y la gran división disciplinaria del siglo 19. La Iliada, la Divina Comedia y el Príncipe, Don Quijote, Shakespeare, el Cándido y la Crítica de la Razón Pura, el Fausto, el Origen de las Especies y la Interpretación de los Sueños eran lecturas imprescindibles de todo hombre y mujer que pretendiera integrarse a la gran conversación occidental. Provocar al estudiante a confrontarse con estos grandes textos era la misión del claustral dedicado.

Frente a este canon oficial surgió en los años 60 y 70 como contrapartida y como complemento un canon puertorriqueñizante. Había que comenzar con el conocimiento de la realidad propia, decían estos adversarios del occidentalismo, y qué mejor manera de compenetrarse de esa realidad que leyendo los autores canonizados por la tradición nacional. Hostos y Zeno Gandía, Pedreira, Laguerre y Brau, Llorens Torres, Palés Matos y Tapia, el Gíbaro de Alonso y La carreta de René Marqués constituían el honorable canon, en distinto orden, quizás, de acuerdo a los criterios, con distintos acentos, pero la contención era que sólo el que conocía los grandes autores de su país y de Latinoamérica podía asumir con madurez y sin complejos el rol de participantes en el diálogo intelectual de su época.

Ya en los 1970, sin embargo, con la proliferación de los medios visuales, algunos universitarios comienzan a plantearse que quizás la educación universitaria estaba demasiado centrada en textos y no suficientemente en las artes visuales y representativas y la música. ¿De qué servía un hombre o una mujer que sólo podía hablar de libros, que no podía interpretar pinturas, criticar producción fílmica, sintonizar con las grandes corrientes de la música contemporánea? ¿De qué servía una educación superior que no enseñaba a observar y analizar directamente la realidad cotidiana? Afín a estas observaciones figuraba el deseo de afincarse en las grandes discusiones semióticas que florecían entonces en Europa. Ver en cada signo el espejo de otros signos, descubrir tanto en textos como en representaciones iconográficas un universo de representaciones, insinuaciones, disimulos y reconfiguraciones y enseñar a otros a discernir sobre estas múltiples lecturas comprendía una agenda mas allá de promover la mera familiaridad con los textos canónicos.

Estos planteamientos convergían con una serie de otros reclamos. El redescubrimiento de Marx y el conocimiento de los grandes pensadores de la tradición marxista entusiasmó a muchos universitarios a buscar en la escolástica del análisis materialista la clave definitoria de las realidades circundantes. Una interpretación marxista del pasado puertorriqueño, una apreciación marxista de las grandes obras literarias, y un riguroso análisis de los problemas sociales del país desde la lucha que comprometía al estudioso venían a constituir una agenda docente en que se resumían los debates académicos previos y se desembocaba en una propuesta pedagógica concreta. En grupos de investigación como el Taller de Formación Política profesores y estudiantes se integraban en la búsqueda de un conocimiento detallado de nuestras luchas sociales.

Seminarios, conversatorios, talleres, simposios de muchísimas disciplinas e interdisciplinarios, dentro y fuera de los recintos universitarios, daban testimonio del entusiasmo vigente. Había en todo esto la ilusión de que la educación universitaria basada en tales análisis constituiría una diferencia sustancial para el país. Si sólo se pudiera aprender a analizar críticamente la realidad, tanto el Qujote como Balzac, Rousseau como Zeno Gandía podrían ser leídos en una nueva y fructífera clave que iluminaría el presente.

No todos los universitarios abrazaron con tanta candidez

estas propuestas, y si bien era de rigor poder balbucear algunos lugares comunes de Gramsci o de E.P. Thompson, también conviene aclarar que estas discusiones de las distintas escuelas marxistas iban mano a mano con otras indagaciones e inquietudes. Un horizonte de intereses, importantísimo, lo proveían las ciencias exactas bajo el acicate de los posibles manejos de datos masivos por medios computacionales. ¿A cuántos de nuestros colegas y de sus estudiantes no vimos cargar montañas de tarjetas perforadas y hacer paciente cola en un centro de cómputos? Si solo se encontraran series perfectas de datos, si solo se pudiera trasladar la data a las tarjetas para que los poderosos programas estadísticos rindieran cuenta de ella, qué no se pudiera hacer para conocer, con todos sus matices y excepciones, la compleja realidad social.

Esa enorme confianza en la exactitud de las medidas, sea de la frecuencia y reiteración de metáforas en Calderón o de relación entre patrones de votos y las solicitudes a los programas de asistencia nutricional entró en crisis en los 1980, según las dificultades concretas de llevar a cabo las investigaciones y las preguntas sobre la pertinencia de los hallazgos proliferaron. Quizás mientras más se afinaran las hipótesis mayor dificultad real habría en conseguir contestaciones claras. Quizás SPSS no podía dar respuestas tan sensatas como la espiritista del barrio. La crisis de confianza en los métodos computacionales en las humanidades y las ciencias sociales coincide con el advenimiento de los retos de la deconstrucción.

La lectura y discusión de las obras de Michel Foucault y luego de otros críticos franceses tuvo un enorme impacto en la discusión académica de finales de los ochenta y de los noventa. Ayudó a centrar la discusión de asuntos como el género, la ecología y el psicoanálisis que parecían postergados en las viejas discusiones. Alentó los encuentros interdisciplinarios y el redescubrimiento del carácter híbrido de muchísimas creaciones culturales, instituciones y realidades sociales. El nombre que generalmente se le dio a este nuevo conjunto de intereses fue el de estudios culturales.

La necesidad de desestabilizar visiones recibidas de nuestra sociedad caracteriza el esfuerzo de los nuevos estudios culturales en Puerto Rico. Algunas personas miran con recelo estas posiciones tildadas como posmodernas y manifiestan que no hay agenda social en esta escuela de pensamiento, que la deconstrucción es un ejercicio infinito que permite el no hacer nada, el no tomar posición a favor o en contra de nada. Antes de despachar con tan fáciles palabras los planteamientos deconstruccionistas, valdría la pena ponderar las ventajas que supone la nueva crítica cultural para la reconsideración de los problemas sociales puertorriqueños.

El anhelo por construir una visión armoniosa y positiva de la sociedad puertorriqueña llevó a generaciones previas a obviar la consideración de las fisuras, conflictos y contradicciones inherentes a nuestro proceso histórico. Fue precisamente uno de los reclamos de la generación de los '70 que al atildar nuestro pasado nuestros mayores habían hecho incomprensibles los problemas del presente. Olvidar la esclavitud y sus arbitrariedades, olvidar el agrego, olvidar los choques entre criollos y peninsulares, olvidar las luchas obreras, las divisiones partidistas, la violencia doméstica, los atropellos racistas y las injusticias clasistas era falsificar nuestro proceso histórico y hacer incomprensible el presente en el cual las cicatrices frescas de todas esas heridas eran palpables. Por eso el afán de la nueva historia y de la nueva narrativa puertorriqueñas de los años '70 y '80 en recuperar la memoria y constatar la vigencia de las luchas sociales del pasado causó cierto malestar en los círculos más tradicionalistas.

Lo que ha ocurrido sin embargo es que incorporando el acervo de los conocimientos y las percepciones de los '70 se reconstituyó el gran relato puertorriqueño. Una nueva imagen de nuestra sociedad se cristalizó. El ardor de las luchas sociales y políticas del último tercio del siglo 20 forjó una nueva serie de propuestas y exigencias que por mucho rebasaban la capacidad generacional para examinarlas y satisfacerlas. Las solidaridades del mundo de la salsa reemplazaron las deferencias del salón de la danza. El ay bendito condescendiente de nuestros mayores cedió al perdona sa'e de las luces de tránsito. Los viejos deberes a la familia extendida fueron relevados por los nuevos reclamos de los compañeros de trabajo.

La amplitud de las solidaridades preconizada por la militancia de los '70 y los '80 se hizo inmanejable. La experiencia de la degradación y la manipulación de estas solidaridades en los viejos centros urbanos del nordeste de Estados Unidos, México y algunos países europeos marcó a la generación de jóvenes profesionales que estudiaron y trabajaron allí. Por necesidad desarrollaron inmunidad a los constantes reclamos de apoyo y solidaridad con que se vieron acosados en los atestados y desesperantes centros urbanos aledaños a sus universidades o a sus lugares de residencia. Cuando regresaron a Puerto Rico discernieron en la sociedad puertorriqueña los síntomas y las características de la crisis de las viejas sociedades urbanas del exterior y adoptaron actitudes críticas y distanciadoras respecto a las realidades de la isla. Quizás miembros de generaciones previas habían percibido lo mismo, pero esta más reciente generación de profesionales no se sintió precisada a adoptar la representación de las viejas posturas de la gran familia puertorriqueña. Inclusive ha retado y ha cuestionado las implicaciones del antiguo discurso unitario.

Los ejercicios vigentes de deconstrucción en Puerto Rico

contribuyen a discernir entre lo que es retórica y sentimiento en nuestras afirmaciones rutinarias de nacionalidad y lo que es fruto de un análisis cuidadoso y circunspecto de los alcances de nuestras solidaridades. Demitologizar nuestros relatos fundacionales no es anularlos, sino purificarlos. Apuntar a las contradicciones en las posturas blandas y reconfortantes de los discursos de unidad colectiva es ayudar a identificar las trabas y los nudos en el desarrollo de nuestras agendas colectivas.

Convergencias y fisuras entre necesidades y visiones

Al cuestionar los acuerdos tácitos de sus predecesores sobre la gran familia puertorriqueña quizás lo que ha hecho la nueva generación de los practicantes de los estudios culturales es poner de manifiesto el malestar general que hay en la sociedad puertorriqueña en torno al quehacer intelectual. Desde 1965 para acá en los medios de comunicación social el intelectual puertorriqueño ha sido frecuente objeto de escarnio, desconfianza y marginación. La consigna parece ser que demasiados estudios se han hecho ya sobre la realidad puertorriqueña, pero que si hay que hacer uno nuevo siempre se le puede encomendar a alguien de afuera. Al intelectual de aquí se le caracteriza como enajenado, estrecho de mente, manipulador, impráctico, retrógrado y pedante.

Lo que es peor, muchos de nuestros pensadores han internalizado esta visión peyorativa de su quehacer, y han contribuido a reforzarla, conformándose con el margen, la mezquindad y la irrelevancia. Intelectuales de coctel, de programas de radio de ocasión, observadores de efemérides subvencionadas, oradores floridos en ocasiones de postín, declamadores de su impotencia, lisonjeadores del régimen de turno, eunucos en el jardín de la creatividad, muchos de nuestros pares se han conformado con las migajas del festín ajeno. En un país donde los problemas de envergadura los definen las agencias de publicidad y los relacionistas públicos, donde los legisladores duplican sin mucho examen la legislación de otros estados, y donde las páginas de opinión de los periódicos están entregadas a las moralizaciones de turno, nuestros pensadores se desgastan apostillando pequeños comentarios ácidos, intercalando en los intersticios de la gran discusión pública constancias de su inconformidad.

La universidad como centro de reflexión pública y generadora de soluciones y esfuerzos para la renovación del país ha quedado marginada en las últimas tres décadas. La pregunta es si nosotros mismos hemos contribuido a nuestra descalificación, rindiéndonos ante las groserías y las pequeñeces de los medios. Hay algo peor que un intelectual dócil y es un pensador indolente. La comodidad de nuestra inconsecuencia nos ha entrampado.

El país arde por los cuatro costados y no nos sentimos interpelados. La falta de acceso de muchos sectores sociales a la representación de sus intereses y aspiraciones no encuentra en nosotros ni apoyo, ni estímulo, ni interés. ¿Por qué? ¿En dónde fue que perdimos el sentido de dirección? ¿De qué lucha salimos tan maltrechos que abandonamos la palestra? ¿Cuándo dejamos de oír la melodía de nuestros anhelos?

Las convergencias

Pero si los universitarios experimentamos frustración ante el pobre papel que se nos adjudica en la opinión pública, también debemos admitir satisfacción por la enorme valorización que la educación superior tiene en nuestra sociedad. La paradoja de nuestro país es que mientras desconfía de los educadores tiene enorme empeño en la consecución de diplomas universitarios. Los enormes sacrificios para enviar y apoyar a hijos en instituciones universitarias muestran el prestigio que ha venido a tener la credencial profesional. Por garantizar el acceso a las oportunidades de una educación universitaria muchos padres apuestan a escuelas privadas reputadas por las tasas de admisión a universidades de aquí y de afuera. Y aunque está vigente la fantasía de que una escuela privada brinda mejor acceso que una pública al mundo universitario, el hecho es que es a la universidad del estado, a nuestra universidad, que la mayoría de los que optan por proseguir estudios superiores en Puerto Rico quieren llegar.

Hubo una época en que el prestigio de nuestra universidad dependía de la cantidad de profesores extranjeros que había reclutado. Pero ese no es el caso ahora. Cierto, continuamos incorporando a nuestro claustro prestigiosos educadores de otros países, como debe hacer cualquier buena universidad, y es parte de nuestro alarde contar con científicos, investigadores sociales y humanistas de una cincuentena de naciones. El hecho es, sin embargo, que hemos logrado una masa crítica de universitarios puertorriqueños que prestigian nuestras cátedras y llegan a atraer estudiantes de otras jurisdicciones. La cantidad y calidad de nuestros programas doctorales hacen a la Universidad de Puerto Rico una de las principales universidades latinoamericanas. La enorme variedad de nuestros ofrecimientos garantiza la necesaria pluralidad de disciplinas, de enfoques y de metodologías para promover un saludable diálogo entre las especialidades. El creciente apoyo a la investigación por el Decanato de Estudios Graduados y de Investigación augura bien para el desarrollo de nuestra universidad doctoral.

Conclusión

Atender a las necesidades educacionales del país ha sido la consigna de nuestros estudios superiores y el anhelo de nuestras escuelas secundarias. Como hemos visto esas necesidades han sido definidas de distintas maneras en la segunda mitad del siglo 20, según en Puerto Rico se ha cobrado conciencia de los cambios de nuestra sociedad y los retos y estímulos de nuestro mundo. El cambio es la constante en nuestros esfuerzos pedagógicos, y el saber cambiar a lo mejor la aspiración común. Los que hemos transitado entre los dos mundos de la educación secundaria y la superior sabemos que no siempre se acierta, ni siempre se responde a tiempo a las interpelaciones de nuestra sociedad. Tenemos que mantenernos en sintonía con la gente que queremos servir. Que la convergencia de nuestros aniversarios sirva de feliz augurio del continuado éxito de nuestros propósitos.

Conciencia Cívica de los Universitarios Hoy

La palabra conciencia no significa lo mismo en español que en ingles. En inglés el sentido prevaleciente de tener conciencia es el de estar apercibido de algún asunto de vital interés moral; "a knowledge or feeling of right and wrong, with a compulsion to do right". En español, sin embargo, la palabra tiene un giro distinto; su sentido primario es, según la Academia de la Lengua, "propiedad del espíritu humano de reconocerse en sus atributos esenciales y en todas las modificaciones que en sí mismo experimenta". Solo en el sentido secundario se aproxima al conscience de los anglosajones: "conocimiento interior del bien que debemos hacer y del mal que debemos evitar" Hay también un tercer sentido, "conocimiento exacto y reflexivo de las cosas".

La razón por la que uno confronta los sentidos de la palabra en inglés y en español es que en el habla popular puertorriqueña la gente se adhiere al sentido primario de la palabra en castellano, mientras que los académicos, los líderes cívicos y religiosos, y en general las personas mas atentas a las grandes discusiones éticas del mundo exterior tienden a plegarse al sentido secundario, con su gran afinidad al uso de la palabra conscience en inglés. Ese uso divergente de la palabra tiene sus consecuencias, y una de ellas es que continuamente le estamos dando en la cabeza a los jóvenes para que desarrollen conciencia de las cosas. "Es que no tienen conciencia!" es el grito exasperado con el que de tiempo en tiempo el abanderado de una causa prorrumpe en los medios contra los jóvenes.

Mi comparecencia esta mañana no tiene otro objeto que el de afirmar, con toda claridad y sin ambages, que los jóvenes universitarios de hoy día tienen clara conciencia del mundo en que viven y del estado actual de las cosas. Mis reflexiones están fundadas en mi observación de dos grupos de jóvenes, al parecer distintos, pero unidos por muchas mas cosas que una edad común, los estudiantes universitarios de la Universidad de Puerto Rico en Río Piedras, y los estudiantes universitarios que se encuentran confinados en las cárceles puertorriqueñas. Los juicios valorativos de estos jóvenes muchas veces no coinciden con los de las generaciones precedentes, pero las generaciones precedentes no tienen ningún monopolio, ni han recibido ninguna comisión especial desde lo alto, para ser definidores de lo que debe ser la conciencia de los jóvenes hoy. Es más, es precisamente esa pretensión de los viejos de sellar definitivamente el alcance ético de sus percepciones del mundo lo que crea las distancias, los disloques y las rupturas que a veces hacen las discusiones de los grandes asuntos de nuestro pueblo diálogos de sordos.

Las sensibilidades son distintas porque los universos mentales respectivos se han desarrollado en circunstancias muy diferentes. No es mi propósito entrar ahora a exponer las razones por los juicios torcidos de los viejos, con sus fiscalizaciones anacrónicas, sus consignas gastadas, su pretensión a regir la vida de los demás y su afán por mostrarse políticamente correctos en cada coyuntura. El siglo 21 no les pertenece; hablemos del futuro, no de las viejas contiendas y las campañas del pasado.

Tres son los asuntos que para mí son capitales en la conciencia de los jóvenes hoy. El primero concierne su relación con la naturaleza circundante. Esta generación que florece hoy día desde muy temprano en sus vidas adquirió conciencia del medio ambiente y aprendió a amarlo y defenderlo. Nuestras costas, nuestros ríos y bosques, nuestras montañas, nuestra fauna y flora, el aire que respiramos, el agua que bebemos, los alimentos naturales que consumimos son objeto constante de discusión y de movilización. A los jóvenes les indigna el atropello a la naturaleza. Son ellos los que educan a los viejos sobre el valor de los árboles, la necesidad de proteger el manatí y el tinglar, de preservar el manglar como criadero de múltiples especies, y detener la destrucción de los mogotes, donde subsisten tantas de nuestras especies botánicas amenazadas. Las causas ecológicas despiertan interés y solidaridad en esta generación universitaria en un grado que hubiera sido inconcebible hace treinta y cinco años. Ha sido precisamente su tarea de presentar estas causas como asuntos cívicos de primerísimo interés.

El segundo asunto que convoca la conciencia de esta generación de universitarios y moviliza sus energías es el discrimen, en cualquiera de sus múltiples disfraces, contra la mujer, contra los impedidos, contra los deambulantes, contra los gay, contra cualquiera que sufra vejación y marginación por causa de la identidad que se le imputa y con que se le penaliza. El machismo, que todavía florece entre tantos líderes políticos, cívicos y religiosos de este país, no encuentra acogida entre los jóvenes universitarios, que han aprendido a compartir tareas y a socializar en patrones muy distintos a los de sus mayores. Las jóvenes universitarias no toleran ningún intento de subordinarlas o ningunearlas. Penalizar a alguien por sus convicciones políticas o religiosas subleva las conciencias jóvenes. Resucitar algún vestigio de racismo o de homofobia es asunto de trasnochados. El sentido de compasión y de solidaridad que repetidamente los jóvenes expresan por los menos afortunados conmueve e interpela. Esta generación se ha rebelado contra los viejos patrones de discrimen y no hay manera alguna concebible de dar marcha atrás.

La tercera manera en que la conciencia joven universitaria se manifiesta vigorosa y alerta hoy día concierne la manera como tratan y representan la autonomía de sus cuerpos. El control del movimiento, del espacio propio, de la sexualidad, de la salud, la estética del propio cuerpo, y el atuendo personal configuran un enorme territorio exento de injerencias externas y reclamado como esfera propia de la personalidad. Lo que en los años sesenta constituían las grandes batallas por el pelo largo y las minifaldas suenan hoy día como páginas ridículas y absurdas de la historia de la vida privada puertorriqueña. Al reclamar la vigencia de sus propios criterios sobre todos los aspectos de su propia corporeidad los jóvenes universitarios hoy nos dan a entender que las identidades se asumen con conciencia propia y no se derivan de decálogos heredados. La bioética comienza conmigo. El cuerpo propio no es terreno propicio del juicio ajeno. Si me hago tatuajes, si me pongo aretes en todos las superficies imaginables de la piel, si me pinto el pelo de tres colores o me lo afeito todo, o, si al contrario no hago ninguna de estas cosas es porque mi cuerpo es mío, autónomo, manifestación propia de mi personalidad, representación cambiante de mis aspiraciones, eco de mis afinidades, lugar de celebración de ese yo que no puede ser reducido a categorías aristotélicas ni subsumido en nacionalidades promulgadas o prefijadas.

Estas son las tres maneras principales en que uno puede discernir que los jóvenes universitarios hoy despliegan sus conciencias. Las tres tienen en común la influencia de lo icónico en las determinaciones propias. Viven de imágenes, se representan y se mueven en un mundo altamente visual, y perciben el mundo circundante a través de múltiples imágenes superpuestas. Si este modo de manifestar conciencia los distancia y los distingue de las generaciones previas, esto no quiere decir que están enajenados o reducidos a la absurdidad de unas modas, sino que su percepción es distinta y se mueven en planos alternos a los de sus predecesores. Creo que esto es lo que realmente vale la pena discutir sobre la conciencia joven de hoy.

Inventando a Grecia

Hace unos años un grupo de arqueólogos suecos, trabajando en una excavación en la ciudad de Hania, la antigua Kydonia en la isla de Creta, descubrió una tablilla votiva escrita en linear B que honraba al dios Dionisio. Este descubrimiento, y uno análogo en Pylos, han sacudido los estudios sobre la llegada del culto dionisiaco a la Hélade antigua, pues se pensaba que el culto a Dionisio había entrado tardíamente en Grecia, probablemente de Frigia en Anatolia, a Tracia en la península griega, después que el panteón olímpico de los dioses considerados tradicionales estaba ya establecido. Pero las tablillas de barro, con su escritura en Linear B, la escritura micénica, suponían un culto a Dionisio en Pylos y en Creta previo al colapso de la cultura micénica hacia el año 1200 a.e.c. y la alegada llegada de los dorios al mar Egeo.

Se menciona este hallazgo, no solo para subrayar cuan preliminares son muchas de las propuestas que hasta ahora se han hecho sobre la evolución de la cultura griega antigua, sino también para celebrar como se llevan a cabo hoy día los estudios que resultan en la evolución de nuestros conocimientos sobre la Hélade. Mucho de los adelantos recientes se deben a la arqueología. Hay que pensar en estos jóvenes suecos, trabajando sedientos bajo el sol inclemente de Creta, porque están imbuidos de ese ideal clásico, que generación tras generación ha reclutado talentos del oeste y del norte de Europa, y de Estados Unidos, para desentrañar los secretos de las sociedades antiguas. Lo griego sigue convocando, uniendo la fría racionalidad de las disciplinas clásicas al entusiasmo dionisiaco. Razón y pasión siempre han andado mano a mano en la invención de Grecia.

I. Los dioses ausentes

No siempre, sin embargo, se da el perfecto balance entre los dos elementos. Cuando animamos a las siguientes generaciones a participar de nuestro entusiasmo por la antiguedad clásica, con frecuencia ejercemos nuestro privilegio de libertad de cátedra para acentuar aquellos elementos que son mas afines a nuestras preconcepciones. Corremos el riesgo de ser arbitrarios al tratar de proteger a los jóvenes de alguno de los extremos del pensamiento y del sentimiento griegos. Queremos que se enteren de algunos, pero no de todos los rasgos de aquella civilización. Esa falta de balance puede encontrarse no sólo entre los docentes, sino mas importante aún, entre aquellos que intentamos invitar al aprendizaje. Omitir el examen del entre juego de la libertad y el destino personal en la Iliada, leer la Antígona como si fuera un panfleto feminista, reducir el mito de la caverna de Platón a un juego de computadoras es negarle a los estudiantes la oportunidad de acercarse a algunas de las grandes discusiones en la historia de nuestra civilización. Hay que respetar el genio de una cultura que en el medio del desorden encontró la razón.

II- Que se presente el psicoanalista: El sentido de la sinrazón

¿No es eso lo que nosotros también a diario buscamos, el sentido de la sinrazón? Precisamente porque su mundo era caótico los griegos aspiraban a la armonía, la mesura, el orden y la proporción. Nada sorprende mas cuando uno estudia la historia de Grecia: Esta no era gente mesurada, que aburrida de sus mármoles, su cerámica y sus versos simétricos, se abandonaba ocasionalmente al desenfreno para despojarse de su tedio. Era gente apasionada, exagerada en sus desmanes, que con frecuencia recurría al genocidio para eliminar sus contendientes, como lo hizo Crotona con Sybaris, Esparta con Platea, Atenas con Melos y Macedonia con Tebas. La racionalidad no era tan habitual en ellos, o al menos su racionalidad no era necesariamente la nuestra. La esclavitud y la servidumbre marcaban sus regímenes laborales. Su actitud hacia las mujeres hace que estas parezcan invisibles en la vida pública, y terribles en sus venganzas privadas en las tragedias. ¿Cómo olvidar a Clitemnestra, Fedra, Medea, Electra? Por mas respeto que despleguemos hacia su cultura homoerótica, no podemos soslayar su promoción de la pederastia. Pase Patroclo, ¿pero Ganímedes, el copero de Zeus?

La afinidad que no desplegamos hacia los asirios, los cartagineses, los vándalos, los godos o los hunos, profesamos hacia los griegos de la antiguedad. ¿Si son ajenos, por qué tan próximos? ¿Si nos chocan tanto sus excesos, por qué una y otra vez volvemos a ellos? No hay que ser freudiano ortodoxo para aceptar la vigencia de estos polos de atracción y repudio. Están en nuestra cultura contemporánea porque los heredamos de los griegos.

III El sentimiento de culpa: ¿Quien mató a los griegos?

Si lo heredamos es porque ellos ya no están con nosotros. En vano uno busca en la Grecia religiosamente cristiano-ortodoxa, socialmente conservadora y económicamente moderna de hoy a los helenos de la antiguedad. Se fueron. Queda el paisaje, el eco de su lengua en el griego moderno, el aliento al turismo que supone evocarlos. ¿Por qué desaparecieron?

El historiador Edward Gibbon culpó al cristianismo, los dirigentes de la Guerra de Independencia de los 1820 a los turcos, y hoy la lista de sospechosos es larga, godos, eslavos, avaros, búlgaros, la Cuarta Cruzada, los venecianos. Lo cierto es que lo que nos permite hablar de la Hélade clásica es precisamente la distancia que nos separa de ella. Porque somos distintos a ellos, los estudiamos. Porque somos tan afines a ellos, suponemos que los entendemos.

Para entender a los griegos, cuyas voces repican en los escritos filosóficos, literarios y científicos de la antiguedad, y cuyas obras de arte sobrevivientes todavía nos maravillan, hay que aceptar que tanto la razón como la pasión fundamentaban su obra creativa. El riesgo es retener sólo uno de los dos elementos, porque esto nos lleva al callejón sin salida de la incomprensión. Hollywood falla en facilitar nuestro acceso a la cultura clásica porque habitualmente toca solo una de las dos teclas, o es Brad Pitt satisfaciendo sus ganas y su orgullo, o son los muñequitos espartanos representándose como dechados de patriótica racionalidad frente al déspota oriental. Taquilla ha habido para ambas cosas ¿pero valor duradero, capacidad explicativa, síntesis creativa? Matamos a los griegos cuando los reducimos a una sola dimensión.

A veces queremos que los griegos de la antiguedad promuevan nuestras agendas secretas. No nos gusta la ascesis cristiana, o el discurso político conservador, o el arte moderno, y buscamos aquellos ejemplos clásicos que ratifiquen nuestros pareceres. Aristóteles o Sófocles siempre están listos para complacernos, la Ilíada es un saco de trampas, y en todo caso está Aristófanes. Es utilizar un pedazo de mármol para clavar una tachuela. Es una manera de hacer a los griegos invisibles, achicándolos a suplidores de citas moralizantes antologizadas.

No aceptar la totalidad de una cultura en sus propios términos, no asumir sus contradicciones y sus flaquezas, es minusvalorar los logros de una asombrosa tradición de pensamiento. Si Sócrates, Aristóteles o los Cínicos cuestionaban los pareceres de sus contemporáneos, es porque había mucho que era cuestionable en la cultura dominante. Cuando Tucidides ironizó, al colocar el famoso discurso de Pericles sobre las virtudes de Atenas justo antes del relato de los desaciertos en política pública de sus sucesores, era porque dudaba de la capacidad de una democracia para llevar una guerra de agresión. El año que los atenienses masacraron a todos los varones de Melos mayores de 16 años y esclavizaron a sus mujeres y niños, porque Melos quería ser neutral y no unirse a la Liga de Delos, Eurípides presentó Las mujeres troyanas a la competencia anual de tragedias. Imagínense el asombro del público ateniense al ver escenificados en el festival anual de Delos los recientes desmanes de sus líderes políticos y militares. Eurípides no obtuvo premio alguno en el festival, pero la magnitud de su atrevimiento en denunciar el genocidio le ganó el respeto de los siglos.

Fueron valientes, estos críticos de los estilos imperantes de gobierno y de opinión pública, fueron atrevidos, Demóstenes frente a Filipo de Macedonia, Sócrates ante sus acusadores, Eurípides ante su público, pero fueron osados en una sociedad que valoraba el atrevimiento. La pasión por la verdad y la libertad no era irracional; lo irracional era la vida propia no examinada. Cuando promovemos el conformismo y las soluciones enlatadas a problemas prefabricados, sepultamos a los griegos.

IV Verguenzas ajenas: Los estudios sobre Grecia hoy

Los griegos antiguos desconocieron la unidad política, y sólo pudieron afirmar su unidad cultural diferenciándose de los bárbaros, de los que no hablaban la lengua. La Grecia clásica ha sido algo retrospectivamente elaborado por los estudiosos en épocas posteriores. En unos tiempos se privilegió aquellos elementos de la cultura griega que manifestaban su afán por la racionalidad, la proporción, la exactitud, la mesura y el orden. De Nietzche y Freud para acá también hemos promovido los elementos dionisiacos e irracionales de la obra creativa helénica. Pretendemos entender mejor a Edipo Rey, a Orestes y a Electra cuando reconocemos que no son sus motivaciones conscientes las que ofrecen la mejor clave para entender sus comportamientos. Celebramos con Safo y con Píndaro el éxtasis del amor o la embriaguez de la victoria deportiva, porque se nos asegura que en la expresión del desenfreno también ejercemos sofrosune. Aprendemos con Foucault a ver en la parresía de los Cínicos el anuncio cristiano de la vanidad e hipocresía mundana. Entendemos con Galeno que la histeria tiene su racionalidad, y con Plutarco la asechanza perenne de la tentación del poder. En los griegos encontramos precedentes para todas nuestras neurosis, y buscamos la misma catarsis para nuestra insensibilidad colectiva que Aristóteles preconizó en su Poética.

Pero esas simetrías nos producen desazón. Sólo podemos jugar a ser griegos porque hemos descifrado los acertijos de la esfinge de la Modernidad. Pero en el camino ¿no habremos matado a los padres de nuestra civilización? ¿No estamos viviendo en contubernio deshonroso con la Razón relicta? Ante las plagas que devastan nuestras sociedades escudriñamos los escritos y los vestigios de los antiguos para encontrar al culpable de nuestro descalabro, y quizás sea a quienes hemos entronizado en el solio de nuestro universo mental a quienes tenemos que inculpar. Ese yo pienso glorificado por Descartes, esa razón práctica ratificada por Kant, ese superhombre anhelado por Nietzche, ¿no será quien nos habrá desvinculado de la naturaleza, enajenado de nuestra humanidad sensible, atrapado en la soledad de un universo absurdo?

Quizás los hombres y las mujeres medievales, habitualmente maltratados por nuestras jactancias sabihondas, estaban mas cerca de Homero, Hesíodo y Esquilo, que nosotros. Quizás Dante entendió mejor a los antiguos, cuando los ubicó en la antesala del Infierno, que nosotros, cuando los reunimos indistintamente en el corazón de nuestras utopías. Quizás hemos leído demasiado sobre los griegos, y demasiado poco a los griegos. Quizás debemos personalmente acometer la subida del Acro Corinto, aunque no tuviéramos que empujar la piedra de Sísifo, para poder apreciar mejor la vista del Parnaso.

No retamos suficientemente nuestras premisas y preconcepciones del pasado; lo hemos azucarado al punto de que lo hemos hecho empalagoso. En el proceso de exaltar la razón y la pasión clásica, nos hemos olvidado de disfrutar el juego de nuestros imaginarios, los entre-juegos de nuestras racionalizaciones, la invención de nuestra genealogía intelectual. Los hemos arreglado tan atildaditos, primero los presocráticos, luego los sofistas, aquí Sócrates, siguen Platón y Aristóteles, pon detrás estoicos y epicúreos, no te olvides de los cínicos, que nos olvidamos que hemos compuesto un nacimiento mas, con pesebre- la caverna de Platón- y pastores precediendo a los magos seguidos por el gallego a quien el buey le comió el sombrero.

Ese ordenamiento lúdico del pasado da la ilusión de un progreso programado de la racionalidad, un inventario de todas sus posibilidades realizadas, sin colmar nunca la sed de saber de estos estupendos antepasados intelectuales.

Conclusión: Los griegos desnudos, los puertorriqueños susceptibles al cáncer de la piel

¿Por qué estudiar a los griegos en el Puerto Rico del siglo 21? Porque son duraderos y universales. Las modas literarias y filosóficas vienen, prevalecen, son rebasadas y desaparecen. Si hace 30 años hubiéramos montado un bachillerato centrado en Marx, Lenin y Mao rápidamente nos hubiéramos arrepentido. Si lo hubiéramos diseñado alrededor de Hostos, Zeno Gandía y Luis Palés Matos, conversaríamos brillantemente entre nosotros mismos y con mas nadie en el mundo. Si empezáramos a estudiar el desarrollo de nuestra civilización solo a partir de la Revolución Francesa, no entenderíamos nada de lo que se discute hoy día sobre interdisciplinaridad, hibridez, nomadismo, deconstrucción y lógica simbólica. Para esto último aprovecha mucho entender el nominalismo medieval.

Conocer a Edipo Rey no meramente es ubicarnos en la Atenas de Sófocles, es poder escuchar a Freud sobre el Complejo de Edipo, auscultar a Lacan, aproximarnos a la historia del arte e interpelar a los poetas de todas las épocas. En la Iliada aprendemos que el adversario tiene cara e historia propias, y que cuando Aquiles recuerda en Príamo a su propio padre doliente, "y yo pensaba, viejo, que tu eras un ser feliz", nos humaniza a todos. Conocer la Odisea es un pasaporte para leer a Virgilio, Dante, Fenelon, Tennyson, Joyce, Kazantzakis y Walcott. ¿Cómo entender a Camus sin la Teogonía de Hesíodo, a los filósofos idealistas sin conocer a Platón, o las taxonomías de la Ilustración sin manejar a Aristóteles? ¿Cómo discutir el Nuevo Testamento, sin remitirnos a su versión original en griego? ¿Cómo representar los laberintos de nuestras soledades, sin evocar al Knossos de Minos, Dédalo, Teseo y Ariadne, o aludir a oráculos sin mencionar a Delfos o Dodona?

Cada palabra abstracta que enunciamos nos remite a sus raíces grecolatinas y cada paisaje moral a sus precedentes clásicos. Sin Tucídides, Maquiavelo hubiera sido insulso, y sin Maquiavelo nuestra discusión política se reduciría a moralizaciones sobre el precio de las viandas en la plaza del mercado. Herodoto nos enseñó a relatar, Platón a sospechar de los relatos, Polibio a construirlos por encima de toda sospecha. Loa griegos nos mostraron como clasificar y generalizar, diagnosticar y prescribir, cuestionar y convencer.

Idealizaron la figura humana, celebrando sus proporciones y armonía en la desnudez de su realidad primaria, y nos brindaron un ideal de belleza que ni Rubens ni Botero- ni Haagen-Dasz -han podido desbancar. El entusiasmo por su modelo de masculinidad los llevó a competir desnudos en Olimpia, y a representarse desnudos en sus combates y transacciones.

Todo esto nos causa cierto malestar. Apelamos a nuestros fundamentos cristianos para explicar nuestro recato y citamos nuestros estatutos y reglamentos para abrigar nuestros recelos. 'Toda desnudez será castigada," como decía uno de los reglamentos del Carnaval de Río. Vemos erotismo, especialmente homoerotismo, en toda celebración de la belleza del cuerpo humano, y olvidamos la naturalidad en la que nuestros antepasados compartieron en la quebrada, en el río y en el mar, indígenas, africanos, y españoles, inocentes entonces de todo escrúpulo puritano.

Es finalmente el cuerpo lo que constituye el punto de distanciamiento entre los griegos antiguos y nosotros. La naturalidad, la ingenuidad, y la picardía del griego clásico nos eluden. Para nosotros el cuerpo ha venido a ser el vehículo del alma, y aunque aprendimos sobre el alma de las tradiciones pitagóricas y platónica, la hemos revestido de un lenguaje religioso que evade casi cualquier examen crítico. Porque nos adherimos al psyche griego, reciclado por Agustín y Tomás de Aquino, sospechamos del cuerpo, de sus apetitos, sus gratificaciones y sus flaquezas. Maceramos nuestra inteligencia, no nuestros cuerpos, cuando reducimos nuestra corporeidad al discurso higiénico y salubrista de los suplementos periodísticos. Sólo pensamos en el cuerpo como representación, como fachada de nuestra personalidad. Nos es ajeno, porque sólo constituye un objeto de atención para nosotros. El griego se desarropa para presentarse como es, nosotros cubrimos nuestros cuerpos para evitar el cáncer de la piel.

Eso que nos separa en última instancia de la vivencia clásica, no es la religión ni la modernidad, sino nuestra falta de asombro en la vida. Celebrar la vida, en todas sus manifestaciones, repudiar la muerte, en cualquiera de sus disfraces, aspirar a la plenitud y a la excelencia es, en fin de cuentas, como decía otro griego, Gregorio de Nyssa, dar gloria a Dios.

Universidad y Fundamentalismos

Desde finales del siglo 18 en la academia nos hemos acostumbrado a hablar de dos maneras diferentes para comunicar dos tipos de experiencia. Para hablar de aquellas experiencias comprobables por repetición constatada hemos desarrollado un lenguaje técnico y preciso en el que profesionales de campos cuidadosamente deslindados someten al juicio de sus pares sus hallazgos. Para presentar constancia de aquellas experiencias personales que no son replicables bajo condiciones de laboratorio ni sujetas a verificación empírica nos hemos acostumbrado a referirnos al testimonio. El desarrollo de ambos tipos de discurso ha sido promovido por instituciones que se han tornado cada vez recíprocamente mas ajenas. El lenguaje científico encuentra en la universidad su mas preciado asiento. El lenguaje de la experiencia religiosa ha sido desplazado en muchos sitios de las cátedras del saber a los recintos de los templos. Los ejercicios de la razón pura y la razón práctica de Kant se han físicamente distanciado.

Cada uno de estos discursos ha elaborado sus protocolos, sus modos de proceder. Cada uno ha constituido su canon. La experiencia religiosa se valora tanto en cuanto su explicación es afín a las escrituras reconocidas como normativas. Para las iglesias cristianas estas escrituras se encuentran en la Biblia, y para otras religiones en sus respectivas colecciones sagradas de textos.

Fernando Picó

El Problema del Canon en el Cristianismo Fundacional

Las comunidades cristianas se establecieron antes que la redacción de sus escrituras, porque fue precisamente para comunidades cristianas ya articuladas que se escribieron textos como las Epístolas a los Tesalonicenses o los Hechos de los Apóstoles. Temprano en su historia las comunidades cristianas desarrollaron maneras de leer estas escrituras. La gran crisis del siglo 2, cuando un grupo significativo de cristianos del Asia Menor rechazó como normativas todas las escrituras fuera de siete epístolas de San Pablo y el evangelio de San Lucas provocó una reflexión. Los marcionitas afirmaban que las escrituras del Viejo Testamento estaban caducas, porque el Nuevo Testamento las hacía redundantes. Ante esta posición, la escuela de Alejandría elaboró un método alegórico para leer las antiguas escrituras. Los alejandrinos distinguieron entre el cuerpo de un texto, su sentido literal e histórico, y el alma del texto, sus sentidos figurativos. El sentido literal, por ejemplo, de aquellos pasajes del Viejo Testamento que pormenorizaban los rituales en el desaparecido Templo de Jerusalén, no agotaba el valor del texto. Eran sus sentidos figurativos, morales, cristológicos, eclesiológicos, escatológicos, los que debían tener primacía en la lectura cristiana de los pasajes. De esta manera, una multitud de sentidos alegóricos facultaba múltiples lecturas de los textos y le daba sentido personal a su lectura. El problema, naturalmente, es que no había límite a las interpretaciones subjetivas de los textos y esta situación abonaba a la crítica que otras disciplinas eventualmente le hicieron a la teología. Esta crítica llegó a su apogeo en la Ilustración.

Dos Acercamientos Modernos a la Biblia

Cuando se trató de homologar el estudio de las escrituras a las disciplinas científicas en el siglo 19 los estudiosos de la Biblia se dividieron en dos grupos. Un grupo procedió a desarrollar técnicas de análisis textual, similares a las que se estaban elaborando para el estudio de las literaturas de la antiguedad y el medievo. Otro grupo, sin embargo, optó por ceñirse a los significados literales de los textos, muchas veces prescindiendo de los contextos históricos de su redacción y de los hallazgos de la filología de las lenguas mesopotámicas. Poco a poco se amplió la fisura entre lecturas analíticas y lecturas fundamentalistas de los textos sagrados. Esta fisura fue análoga a la que se estaba dando en otros campos, por ejemplo, entre lecturas interpretativas y lecturas literales de la constitución de Estados Unidos.

La tendencia fundamentalista, no solo en la tradición teológica, sino también en otras disciplinas, ha sido a desarrollarse en aislamiento y sin diálogo fructífero con otras corrientes de pensamiento.. Aquellas famosas alianzas, entre San Agustín y la tradición neoplatónica, y santo Tomás de Aquino y el pensamiento aristotélico, no han tenido replicación moderna efectiva. Mas bien se ha tendido a renovar el cuestionamiento del montanista Tertuliano en el siglo segundo, ¿qué tiene que ver Atenas con Jerusalén?

El fundamentalismo privilegió lecturas literales de los textos que excluyen interpretaciones que no están autorizadas por el texto mismo. En algunas posiciones extremas, en el siglo 19 llegó a defender la vigencia de la esclavitud, porque aparecía en las Epístolas de San Pablo, y mas corrientemente la subordinación de la mujer al hombre, la pena de muerte y el diezmo en beneficio de quien preside la comunidad religiosa, porque hay apoyos textuales para mantener estas posiciones. El fundamentalismo lee literalmente el Génesis e insiste en seis días cronometrados para la creación del mundo. En otras épocas insistió en que el sol giraba alrededor de la tierra, porque Josué había pedido al Señor que lo detuviera en su curso por el cielo.

En esas circunstancias ha sido fácil caer en la tentación de demonizar a quien hace lecturas alternas y de intentar imponer lecturas literales del canon recibido al resto de la sociedad. Los atropellos resultantes de estas prácticas son manifiestos. Esto pasa no solo en sociedades de raigambre cristiana, sino también en otras sociedades, donde se busca ceñir a toda la sociedad a la observancia de unas interpretaciones literales de las escrituras consideradas canónicas. Los resultados para la vida intelectual a veces son devastadores; solo hay que pensar en los efectos que la condena eclesiástica de las enseñanzas de Galileo tuvo para la ciencia italiana en el siglo 17.

Muchas de las energías sociales se dilapidan en la prosecución de debates interminables que parten de premisas no validadas. Mucha angustia personal se genera en personas que se creen atrapadas en esos debates. La parálisis resultante del pensamiento analítico y creativo perjudica no solo a los que se sienten coaccionados a observancias y prácticas ajenas a su voluntad, sino a toda la sociedad.

Razón y Fe

Muchas personalidades religiosas no suscriben esas posiciones inflexibles. En muchas iglesias protestantes ha habido apertura y diálogo con los investigaciones científicas. Del lado católico, el papa Benito XVI en varias ocasiones ha calificado de enajenante a la fe que se desentiende de la razón. Es interesante lo que dijo en la Universidad de Ratisbona en septiembre del 2006:

> Dios no se hace más divino por el hecho de que lo alejemos de nosotros con un voluntarismo puro e impenetrable, sino que, más bien, el Dios verdaderamente divino es el Dios que se ha manifestado como logos y ha actuado y actúa como logos lleno de amor por nosotros. Ciertamente el amor, como dice san Pablo, «rebasa» el conocimiento y por eso es capaz de percibir más que el simple pensamiento (cf. Ef 3, 19); sin embargo, sigue siendo el amor del Dios-Logos, por lo cual el culto cristiano, como dice también san Pablo, es «λογικη λατρεία», un culto que concuerda con el Verbo eterno y con nuestra razón (cf. Rm 12, 1).

Similares llamados a afirmar la congruencia de fe religiosa y racionalidad han sido hechos por otras personalidades de distintas tradiciones religiosas no cristianas. Entender la experiencia religiosa con la ayuda de disciplinas académicas es iluminarla. No hacerlo, sin embargo, es consignar la experiencia religiosa o al folclor anecdótico o al inventario de conductas paranormales.

En la medida en que la historia de las experiencias religiosas se examine con la disciplina y el rigor académicos se crea un espacio para el diálogo fértil entre fe y razón. Ese intercambio académico puede atenuar el impacto de las conductas atropelladoras de aquellos que se piensan autorizados a acosar a otros en nombre de lecturas literales de sus textos sagrados. La universidad debe ser inclusiva en su estudio sobre las realidades humanas y así contribuir a armonizar los decires y los pareceres en nuestra sociedad. La exclusión académica de la historia del pensamiento y del sentimiento religiosos solo abona al mutuo desconocimiento.

Fundamentalismos Políticos y Culturales

Los fundamentalismos religiosos no son, sin embargo, los únicos. El fervor religioso no tiene el monopolio de la intolerancia. Hay otros aspectos de la realidad humana que han eludido el análisis crítico y la evaluación comparativa. Hay fundamentalismos políticos y culturales que buscan también marginar y excluir, canonizar y desautorizar.

El fundamentalismo político, por ejemplo, permite una sola postura ante las alternativas. En sociedades donde efectivamente solo hay un partido político, toda posición divergente es objeto de anatema. Una interpretación posible de los hechos, una opción viable. La realidad se construye a partir del principio rector. Cuando los hechos difieren, se recurre a la teoría de la conspiración. Fueron los comunistas, o los americanos, y en cualquier cosa la oposición la que desfiguró la verdad. Considerar otras explicaciones es traicionar el ideal.

También hay fundamentalismos culturales, a veces vinculados a la política o a la práctica religiosa, pero muchas veces con extraordinaria vigencia en sociedades supuestamente pluralistas. En muchas sociedades hay personas que han asumido la misión de definir la tradición y las prácticas culturales. Solo ellos deciden que es mexicano o suizo o senegalés. Usualmente esta misión se describe como la defensa de la identidad. El asunto adquiere ribetes monolíticos. Hay listas taxonómicas que delimitan lo que es verdaderamente propio y lo que es ajeno. Unos autores, una obras de arte y de música, unas reliquias arqueológicas definen una vez y por todas la identidad colectiva. Ciertos mitos se convierten en fundacionales. Cualquier modificación o cuestionamiento de ese canon provoca una furiosa agitación porque se está atentando contra lo que fundamenta o expresa la identidad.

Fundamentalismos en la Docencia

Las universidades a veces se han prestado para validar esas prácticas, pero lo más típico es que algunas personas en su salón de clases se arroguen la tarea de preservar la identidad cultural. Cuando el profesor decide que es medular para la identidad nacional, el estudiante no se atreve a opinar. De hecho, la opinión no cabe dentro de ese modelo pedagógico:

> Profesor: -El amor a nuestra tradición hispánica, a nuestra lengua y a nuestro folclor son rasgos distintivos de la Generación del ´30.
> Estudiante: -Profesor ¿y la tradición africana?
> Profesor: -Eso es parte de nuestro folclor.
> Estudiante: -¿Lo africano sólo es folclórico?
> Profesor: -Para la generación del ´30 lo español era lo importante; había que defenderlo contra la americanización.
> Estudiante: -¿Para Palés igual que para Pedreira, para Laguerre igual que para Méndez Ballester?
> Profesor: -Las diferencias eran menores, lo importante era la defensa común de la puertorriqueñidad.
> Estudiante: -¿Y Balseiro?
> Profesor: -Balseiro no cuenta.
> Estudiante: -¿No cuenta para quién?
> Profesor: -Para la Generación del ´30. Bien, sigamos con la clase.

Una sola acepción de la "Generación del ´30", una sola descripción de sus rasgos bastan para el profesor. ¿Cuántos estudiantes se percatarán que la "Generación del 30" es una construcción, selectiva y sesgada, una herramienta que tiene sus usos y sus abusos? En piedra tallada han quedado sus rasgos, lo que el profesor ha dicho solo se puede cuestionar a riesgo de la propia nota. Eso es fundamentalismo también.

Es curioso, pero también triste, que quienes mas defienden la libertad de cátedra en las universidades son a veces quienes mas insisten en sus criterios y sus creencias. Las experiencias de muchos estudiantes en su primer año universitario a veces son tan negativas que no se atreven mas a expresar una opinión o una duda por el resto de su paso por la universidad. Ha sido 7tan brutal la burla o el sarcasmo de quien les enseñó las Verdades Fundamentales en Ciencias Sociales o Humanidades, que ya no se atreven a expresarse en el salón de clases. Una vez creyeron que podían decir lo que pensaban, una vez se atrevieron a discrepar con el profesor o dudar de los datos que presentaba: ya no más. Permanecerán mudos, copiando ciegamente lo que la cátedra imparte, dando las contestaciones esperadas en los exámenes, sin jamás disentir ni diferir. Testigos desolados de la incapacidad de la universidad para promover el pensamiento propio, le inculcarán a sus hijos la importancia de no hacerse notar.

Militancias Trasnochadas

Pero hay otras experiencias de intransigencia. A todos nos asombran las formas que asumen los militantes fundamentalistas de afuera, con sus desgarramientos de vestiduras, sus heridas auto-infligidas, la vociferación de sus consignas en lenguas extrañas, sus semblantes truculentos. Pero aunque las formas y las maneras difieran, también nosotros tenemos expresiones de fervor fundamentalistas, que sin ser extremas en sus exigencias, son ingenuas en sus insistencias. Consignas prestadas de otras partes del hemisferio, gestos aprendidos del cinema europeo, nostalgia por las aventuras de otras generaciones, atisbos de las fisuras posibles en las estructuras vigentes llevan a algunos sectores no siempre de vanguardia a reclamos poco oportunos o juiciosos. Ensayando una revolución aprendida de manuales, nuestros lectores fundamentalistas de los textos heredados de los sesenta prolongan el mito de una universidad vindicadora de derechos que ellos mismos contribuyen a deconstruir.

Razón y pasión chocan en sus performances, sin tener siempre el genio dionisiaco o la chispa cartesiana que las consagre. Como experiencias estéticas pueden complacer el gusto caprichoso de los editores de noticieros televisados, pero como muestras de pedagogías revolucionarias no alcanzan a competir con los bochinches de la farándula o los sainetes de la política. Otros se indignan por caricaturas de Mahoma, los nuestros por caricaturas de sus maromas.

Y sin embargo... Cualquiera que sea la naturaleza del fundamentalismo, cualquiera que sea el afán por rebajar al otro o a la otra a someterse a los dictamines y las interpretaciones arbitrarias de unos pocos, la misión universitaria es siempre la misma, leer críticamente, analizar comparativamente, integrar los conocimientos y facultar los entendimientos.

Cuando prácticas tradicionales resultan en la marginación, la discriminación y la persecución del otro hay que confrontar a los acosadores preguntándoles: ¿Cómo adquirieron vigencia tus postulados? ¿Dónde, fuera de ellos mismos, está su validación? ¿En qué grado es tu conducta congruente con tu doctrina? Una educación universitaria debe formar estas actitudes críticas, que tan vitales son para desarticular los abusos de poder de aquellos que se creen comisionados por el mas allá para perseguir a otros en el mas acá.

Historias

Las Representaciones de la Heterodoxia

WALTER CARDONA, EN SU historia sobre naufragios vinculados a la historia de Puerto Rico, detalla el caso de un barco sueco varado en la isla de Palominos en 1649. El barco había partido de la isla de San Bartolomé en rumbo a la Nueva Suecia, hoy Delaware, y llevaba un complemento de pobladores destinados a esa colonia. Cardona, utilizando los informes generados por el naufragio, narra que dos embarcaciones españolas vinieron a rescatar a los náufragos. Robaron sus pertenencias y los pertrechos del barco, y llevaron a todos los colonos y tripulantes a la capital, donde tuvieron que convertirse al catolicismo. La alternativa era ser procesados como herejes. Algunos de ellos embarcaron en un barco holandés que recaló en la capital, pero luego tuvieron la malísima suerte de ser asaltados por un corsario francés.

En 1651 el gobierno sueco de la reina Cristina, recién convertida al catolicismo, le reclamó al gobierno de España la devolución de todos los bienes arrebatados a los suecos en Puerto Rico o el pago de su montante. El Consejo de Indias le ordenó al gobernador Aguilera que devolviese o repagase a los suecos. En 1654 un navío sueco se presentó con una extensa cuenta. Entre otras cosas se reclamaba la devolución de 16 cañones (8 de los cuales el gobernador de la Riva Aguero había vendido, no se sabe a quien) y los bienes incautados a los pasajeros, empezando por el sacerdote luterano, a quien le habían arrebatado sus libros, su cáliz, su patena, las vinajeras, albas, casullas y demás objetos litúrgicos.

En cuanto a los suecos que todavía permanecían en Puerto Rico en 1654, cinco años después del naufragio, su actitud fue sorprendente. Cuando vino a buscarlos el mismo barco que venía a cobrar la cuenta, no quisieron irse. Tenemos las palabras del gobernador Diego de Aguilera, en su informe a la corona el 16 de agosto de 1654:

> Para el cumplimiento de entregarle la gente sueca que aquí se allasse en conformidad de la orden de V. Mgd. pedí al dicho factor Enrrico Helssiut me diesse memoria de las personas que quería llevar en su Compañía y ademas de la que el me dio junte toda la gente de Suecia que se allava en esta plaza y en presencia del Bachiller Don Diego de Torres y Bargas Provisor y Governador de este obispado y en presencia del dicho factor Enrico Helssiut, fuy preguntando a cada uno de por se querían irse con dicho factor, a que fueron respondiendo no querian, y preguntando la razon porque respondieron que por ser catholicos, y estar todos cassados aqui como mas largamente consta todo por lo autuado que tan bien se remite a V.Magestad en su Real Consejo de las Indias.

El gobernador que narra con evidente satisfacción la decisión de los suecos de permanecer en la isla es Diego de Aguilera, quien dos años después de estos eventos es recluido en el convento de Santo Domingo bajo acusación de herejía. Según López Cantos, pasó luego a las cárceles de la Inquisición en Cartagena, y en 1658 fue trasladado a Madrid. Allí fue condenado en 1660 a un año de reclusión en el convento de San Francisco en Puerto Rico. Aguilera, según uno de sus detractores en su Juicio de Residencia, había proferido blasfemias durante un ataque de gota. Pero ya lo decía la número 116 de las Constituciones Sinodales recién aprobadas por el obispo Damián López de Haro,

> Blasfemia es un delito gravísimo, y le mandaba castigar Dios nuestro señor con pena de muerte; y llamase blasfemo al que niega algo de Dios en lo que le conviene, o atribuye algo que no le conviene. Y aunque por nuestros derechos se haya mitigado esta pena, como parece por lo estatuido por el Concilio Lateranense, y por un motu proprio de Pío V, mandamos que la puesta en los dichos derechos se ejecute sin remisión alguna, y que ninguno sea osado a blasfemar contra Dios nuestro señor ni su Santísima Madre ni otro santo o santa, so las penas en el dicho Santo Concilio y motu propio contenidas, que se hallarán en las sinodales de Cuenca.

La conversión forzosa de los suecos al catolicismo, citada por Walter Cardona, y los infortunios del gobernador Aguilera causados por sus imprecaciones y narrados por López Cantos obedecen ambos a esa tendencia a reducirlo todo a la trascendencia de Dios y a abogar por la postergación de la razón, que el papa Benito XVI ha recientemente señalado como debilidad de los fundamentalismos religiosos:

> En esta argumentación contra la conversión mediante la violencia, la afirmación decisiva es: No actuar según la razón es contrario a la naturaleza de Dios... En cambio para la doctrina musulmana, Dios es absolutamente trascendente. Su voluntad no está vinculada a nuestras categorías, ni siquiera a la de la racionalidad.

Cuando en nombre de ese fundamentalismo toda trasgresión voluntaria o involuntaria contra la divinidad o sus ministros puede construirse como imperdonable irreverencia y ofensa grave al Altísimo, todos estamos en peligro de ser atacados por fanáticos, como ha sido la experiencia del propio Papa después de su alocución. Paradójica situación para un papa que salió a defender la racionalidad y alabar a la Ilustración: "La valentía para abrirse a la amplitud de la razón y no la negación de su grandeza, es el programa con el que una teología comprometida con la reflexión sobre la fe bíblica entra en el debate de nuestro tiempo."

Que casos como el de los suecos o el del gobernador Aguilera no fueron excepcionales en el siglo 17 se puede ver por las mismas acciones del promotor de las Constituciones Sinodales, Damián López de Haro, quien, según Álvaro Huerga, llegó a procesar inquisitorialmente a Pedro Salazar, un oidor de la Audiencia de Santo Domingo, y a Diego Guajardo, ex-gobernador de San Martín. Aunque después de muerto López de Haro el Consejo en Madrid desaprobara sus acciones, que calificaba como exceso de su oficio, el patrón de acoso contra militares y letrados por parte de las autoridades eclesiásticas tardó tiempo en amainar.

La Historiografía de Puerto Rico ante los Excesos Inquisitoriales del Siglo 17

Hoy cuando deploramos los excesos de todo fundamentalismo religioso, es notable el silencio, que con raras excepciones, como lo son los trabajos de Álvaro Huerga, los historiadores han guardado respecto al clima de vigilantismo religioso que imperaba en la capital de la isla en esa época. Por ejemplo, Cristina Campo Lacasa, afirmaba en 1977:

> Definitivamente, con Fray Nicolás Ramos y con la muerte de Felipe II, cesó en Puerto Rico el Tribunal de la Inquisición... Sólo quedó un familiar del Santo Oficio con el título de Alguacil Mayor, cargo puramente honorífico que se concedía siempre a un distinguido caballero de la ciudad, siendo el último Alguacil de la Inquisición en San Juan, al terminar el siglo XVIII, don Joaquín Power y Morgan, padre del ilustre diputado a Cortes de Cádiz, don Ramón Power.

Tampoco se han metido con los afanes inquisitoriales de algunos de nuestros obispos los que han trazado la historia de nuestras instituciones en esos siglos. ¿Por qué? Me imagino que parte de la razón es la renuencia a ofender a una audiencia católica, máxime si se trata de impulsar el uso de los textos propios en instituciones católicas. Esa invisibilización de la violencia ideológica del pasado revela que persisten vestigios de ella en el presente. Esto quizás nos deba hacer sentir mas humildes cuando peroramos sobre la intolerancia islámica o el fundamentalismo protestante.

Sin embargo yo sospecho que el silencio de nuestros historiadores sobre la intolerancia religiosa del pasado mas que una renuencia a ofender a los hipersensibles refleja una indiferencia a todo lo que concierne la temática religiosa en nuestra historia. Lo religioso ha sido desechado como historiable. Tratarlo es provocar problemas, meterse en discusiones bizantinas, exasperar a los lectores. Mejor dejar el tema a los anticuarios.

De esa manera los que no se confesaban y comulgaban en los tiempos estatuidos (constitución sinodal número 162 de Lopez de Haro), los acusados de ser adivinos, brujos, hechiceros, magos, curanderos, rezadores, los blasfemos, los bígamos, los clérigos inmorales, los que hacían velorios de santos en sus casas (ver las visitas de los obispos a Arecibo editadas por Generoso Morales Muñoz), los laicos que explicaban los evangelios a otros, los irrespetuosos, en fin, todos los considerados trasgresores por la normativa vigente, quedan ausentes de nuestras historias, silenciados por el recato, la prudencia o la indiferencia de nuestros historiadores.

Conmemorando el Asedio Británico de 1797

En Puerto Rico cada generación se ha apropiado de su pasado colectivo en formas frescas y espontáneas, que a veces rayan en la ingenuidad y otras veces agobian con la pompa y la erudición. Los elementos constitutivos de la historia acordada no han estado exentos de estos entusiasmos generacionales. Lo que para los fervorosos románticos de la generación de Tapia y Baldorioty constituía el deber ineludible de marcar las distancias entre lo europeo y lo criollo, para la generación de Tomás Blanco y Manuel Méndez Ballester se traducía en afirmar el carácter fundamentalmente hispánico de nuestra cultura. Mientras José Luis González y Angel Quintero Rivera reclamaban la valoración de las comunes raíces africanas, la nueva generación de cibercuentistas exige insertase en los discursos globalizados de la historia cultural y las mutaciones de los géneros literarios.

Ante el caleidoscopio de nuestra historia compartida, el asedio británico de 1797 a la Capital ha perdido o ganado dimensiones según las escuelas historiográficas se han valido de su memoria para armas sus relatos. Cuando en 1897 se celebró el centenario de este evento, el acento estaba en recalcar el amor y fidelidad de los criollos a España. Cuánto necesitaba el régimen de esas protestas de lealtad se evidenció el año siguiente cuando no hubo el rechazo deseado a la nueva invasión. Las conmemoraciones dicen mas sobre su momento que sobre la efeméride que celebran.

Hoy hay dos necesidades imperiosas que dictan el tono de esta conmemoración. La primera es la urgencia de recalcar la unión. En 1797, en el asedio de la ciudad de Puerto Rico no había solo españoles y criollos de un lado y británicos del otro, sino que también, de cada lado, según las crónicas y los informes y la correspondencia de la época nos han mostrado, había irlandeses, franceses, alemanes y otros europeos, africanos y caribeños, libres y esclavos, republicanos y monárquicos. Por una razón u otra el asedio reunió esa diversidad de personas en un micro-cuadrante del globo, en el afán de mantener o tomar unos lugares fortificados. Hoy españoles, británicos, irlandeses, franceses, alemanes e italianos, entre otros, integran la Unión Europea, y lejos de insistir en sus pasadas rencillas buscan hoy afirmar sus comunes logros. La unión soñada por tantos siglos se ha hecho realidad en una Europa económicamente integrada, secularizada, libre y igualitaria. A los descendientes europeos de aquellos participantes de 1797 los cobija una misma bandera y los guía la búsqueda de una común satisfacción de sus complementarias necesidades.

También a los puertorriqueños nos urge afirmar lo que nos une y nos vincula. En aquel año fue el afán de sustraernos a la dominación foránea. Pero hoy los llamados a la unidad son mas sutiles. Ya no estamos divididos por la esclavitud vigente en 1797 ni por el sistema de castas raciales que la Constitución de 1812 intentó perpetuar entre nosotros, ni por los privilegios de unos pocos y las obligaciones de muchos que prescribían las circulares de jornaleros de los gobernadores López de Baños y Pezuela. Pero hemos desplegado el afán de otras contiendas que estorban el logro de nuestros propósitos colectivos. Ensorbecidos por la seguridad que nos parecen brindar unos jirones de creencias y percepciones, vilificamos al otro cuando no asiente a la plenitud de nuestras convicciones. Hemos de tal manera blindado nuestros pareceres, que no entendemos otros pensamientos que aquellos autorizados por las consignas heredadas. El costo social de nuestras intolerancias es enorme: entorpece, dilata, encarece y posterga la solución a nuestra agenda social.

Además de reafirmar la unión de ánimos y esfuerzos, hay otra necesidad imperiosa en nuestro mundo, y la conmemoración del asedio de 1797 autoriza su expresión. Necesitamos paz. Mas puertorriqueños mueren cada mes en nuestras calles que los que murieron bajo las balas y la metralla de 1797. La sangría continua de nuestra juventud no solo merma sus rangos, sino que amedrenta los esfuerzos por impulsar nuevos rumbos. Mientras en Europa aquellas altas tasas delictivas de finales del siglo 18 han mermado considerablemente, nosotros nos hemos movido en la dirección contraria. Hay una ironía en todo esto. Hoy día es mucho mas arriesgado ser joven en Puerto Rico que en 1797. Pero aún mas preocupante que nuestra incapacidad de bajar las tasas de homicidio y agresiones, es la persistencia de la exaltación de la violencia en nuestra cultura. Vas al cine, y es violencia, vas a las maquinitas de juego, y es violencia, vas a la prensa, y son los violentos los exaltados. No se educa para la paz, sino para el atropello: nuestros héroes no son los ajedrecistas, sino los boxeadores; nuestro lenguaje habitual es agresivo, no persuasivo.

Es por eso que en vez de celebrar el arrojo, la gallardía y el valor de aquellos milicianos criollos de Loíza y Cangrejos, que en los mangles y los caños saboteaban los esfuerzos invasores, o en vez de exaltar una vez mas a Pepe Díaz, el Sargento Mayor de Toa Alta, o al militante párroco del Pepino, o al oficial Ignacio Mascaró, o a los milicianos Mauricio Rosario y Tomás Villanueva, cuya fama está establecida y cuyos méritos han sido múltiples veces rememorados, debemos evocar otro orden de cosas: el trabajo y la constancia que hicieron posible abrir nuestros montes al cultivo, el tesón frente a las enfermedades, el ingenio para aprovechar las aperturas del mercado, la voluntad de levantar familias, la capacidad de educarlas, la perseverancia en la escolarización de la niñez, la persistencia en abrir instituciones de educación superior y mantenerlas, la decidida batalla por la salud, el afán de vivienda propia, el compromiso con justicia social, el compromiso con mantener abiertas todas las vías de comunicación, la solidaridad con los refugiados que de múltiples orillas se acogieron a nuestras playas, la sensibilidad por la naturaleza amenazada, la ilusión constante por promover la justicia social: esos han sido nuestros empeños como pueblo, esos son nuestros blasones, no las balas ni las bombas, no la oratoria militar rimbombante ni las paradas, sino el esfuerzo de un pueblo por mantener su espacio bajo el sol, en justicia, en igualdad, y en solidaridad.

Lealtad y Progreso en el Puerto Rico del Siglo 19

El período revolucionario atlántico de fines del siglo 18 y principios del 19 sacudió al mundo caribeño. Las corrientes de revolución y reacción aceleraron o provocaron la integración de los distintos sectores del mundo caribeño a los mercados del Atlántico Norte, a la discusión de la cultura política contemporánea, y a los movimientos europeos de población. Algunos de esos sectores hasta esa época habían permanecido relativamente aislados de las corrientes económicas y culturales externas.

El bicentenario de las revoluciones hispanoamericanas es ocasión no solo de recordar y analizar eventos nacionales, sino también de estudiar la mutua influencia que estos movimientos ejercieron sobre la totalidad de su entorno. Es en este contexto que se emprende el examen del impacto de los emigrados de Costa Firme (Venezuela) a Puerto Rico en la década de los 1810 y los 1820.

En la historiografía venezolana ocasionalmente se menciona el drenaje de recursos que conllevó la emigración de propietarios y funcionarios de la capitanía general de Caracas (Venezuela). Lo mas común, sin embargo, es olvidarse de la gente que sale de Tierra Firme.

En Puerto Rico el tema ha despertado algún comentario. George Flinter, un observador irlandés interesado, adujo en 1834 que las revoluciones hispanoamericanas contribuyeron a la prosperidad de Cuba y Puerto Rico. Salvador Brau, en su Historia de Puerto Rico, publicada en 1904, consideraba la emigración de Costa Firme un elemento de progreso:

> Con el metal amonedado, las vajillas de plata, joyas y esclavos que la tormenta revolucionaria echara en las playas puertorriqueñas llegó también el crédito de activos comerciantes, vascongados y catalanes en su mayoría, que solicitaban tranquilo asiento para sus operaciones y hasta las familias exhaustas de recursos aportaron, como inapreciable elemento, una cultura difundida no sólo por las relaciones generales y la ejemplaridad doméstica, sino también por la instrucción pública, principalmente de la mujer, a la que se dedicaron no pocas emigrantes.

Historiadores mas recientes han matizado sus posiciones. Rosa Marazzi, en su análisis del impacto de la inmigración a Puerto Rico en las primeras tres décadas del siglo 19, afirma que el grupo de inmigrantes de Venezuela que ella considera, 114 en total,

> es importante, ya que siendo leales al gobierno español, podría sospecharse, según se afirma generalmente, que tuvieron un impacto conservador, reafirmando la lealtad a España y dilatando el desarrollo de una conciencia puertorriqueña.

Y añade: "Mas adelante veremos que esta sospecha no se confirma en la data recogida." Pero Marazzi considera que a corto plazo el efecto mas bien fue el acaparamiento de empleos públicos en la isla por los inmigrantes que en Tierra Firme se habían desempeñado como funcionarios y militares.

Raquel Rosario, que reunió y publicó toda la data que halló sobre los inmigrantes venezolanos entre 1810 y 1848, subrayó la heterogéneo del grupo y su dispersión desigual por la isla. No se pronuncia sobre el efecto político de los cerca de 300 inmigrantes que reseña.

Los autores de historias generales de Puerto Rico tampoco han querido adoptar posiciones tajantes sobre el papel que juegan los venezolanos en el desarrollo político de la isla en el siglo 19, como se puede comprobar por la lectura de las obras de Loida Figueroa, Francisco Scarano, Luis Manuel Díaz Soler, Blanca Silvestrini y María Dolores Luque. Aunque los historiadores académicos han sido recatados en medir la influencia ideológica de los inmigrantes, los historiadores aficionados, los periodistas y algunos letrados han tendido a estigmatizar a los inmigrantes venezolanos del siglo 19, quizás teniendo mas en mente los inmigrantes cubanos de los 1960. Curiosamente no se ha tratado de estudiar en detalle esa alegada influencia conservadora del siglo 19.

Mas que tratar de probar o contradecir la hipótesis del atraso infligido por los venezolanos en Puerto Rico, este ensayo busca comparar la experiencia concreta de los emigrados en dos municipios puertorriqueños, Cayey y Utuado, con el interés de observar en micro lo que pasa localmente a corto y largo plazo con la llegada de los venezolanos.

Las llegadas de los emigrados

Los emigrados de Costa Firme llegaron a Puerto Rico en oleadas, algunos tan temprano como 1810, otros mas tarde. Algunos salieron de Venezuela con la expectativa de que se trataba de un desplazamiento temporal. Por ejemplo, la viuda doña María Candelaria Pérez, natural de las Islas Canarias, emigrada de Puerto Cabello, expone el 2 de diciembre de 1826 desde Ponce, Puerto Rico, al Capitán General, que desde principios de 1811 emigró con su hija Josefa a la isla de Curazao, y de esta a Coro. Cuando el gobierno real se restableció, regresó a Puerto Cabello, pero en el 1813 volvió a emigrar, para luego regresar. Después de la batalla de Carabobo volvió a emigrar a Curazao por dos años y medio, y de ahí ha venido a Puerto Rico. Ahora tiene 80 años y se halla impedida. . El viaje a Puerto Rico fue el último en una serie de desplazamientos de corta o mediana duración.

Hay también quienes vinieron, otearon las posibilidades, y regresaron a Costa Firme para de allí traer sus familias, sus esclavos, y sus recursos. Por ejemplo, en junio de 1818 desembarcaron provenientes de Cumaná los vecinos de Ponce don José Manuel Arias, con 6 esclavos que traía, y d. Rafael Cabanillas, con 5 esclavos. Estos habían salido de Ponce para Cumaná en la misma embarcación el 31 de marzo para buscar los esclavos.

Inicialmente los emigrados de Costa Firme se concentraron en el sur de la isla, aunque desde temprano las autoridades buscaron que se asentasen en los municipios extensos menos poblados. El 5 de junio de 1819 el teniente a guerra de Ponce, don Juan Dávila, escribía al gobernador Salvador Meléndez que no había permitido permaneciesen en su jurisdicción 20 personas que habían llegado de Costa Firme, explicándoles que el Gobierno deseaba obtuviesen su documentación en la Capital y pasasen a otras jurisdicciones locales para establecerse. Una lista de emigrados residentes en Ponce en agosto de 1821 muestra sin embargo que había solo 32 cabezas de familia residentes entonces en Ponce, "con licencia del Gobernador o sin ella".

Aunque muchos de los primeros emigrados fueron mujeres, niños y ancianos, eventualmente llegó un contingente importante de hombres, que trajeron esclavos y dinero. Para 1821 no había emigrados de Tierra Firme ni en Cayey ni en Utuado. En Cayey se informan ese año 5 franceses domiciliados, dos extranjeros, Marcos Costa, cuya procedencia se desconoce, y Francisco Yeso, natural de Curazao y dos forasteros españoles sin licencia. En Utuado ese mismo verano no hay extranjeros y los 7 forasteros reportados son todos españoles.

Es con la derrota de Carabobo y el advenimiento a Puerto Rico como gobernador del general español allí vencido, Miguel de la Torre, que aumenta significativamente el influjo de venezolanos y su diseminación por toda la isla. A través de los registros parroquiales, los informes municipales y los protocolos notariales podemos identificar a los venezolanos que se establecen en uno y otro partido.

Utuado y Cayey

De los dos partidos municipales bajo comparación, Utuado era el mas antiguo. Fundado en el centro de la isla en 1739 principalmente por familias de la costa norte que compraron el hato del Otoao, Utuado en sus primeros años se distinguió como centro ganadero. La institución paulatina de siembras de café, y el desarrollo cañero del vecino Ponce, que conllevaba una demanda continua por arroz, verduras y carne, situó a Utuado dentro de un marco complementario a la economía dominante de la costa sur. Crónicamente desprovisto de numerario para hacerle frente a las exigencias fiscales del gobierno, con sólo un puñado de comerciantes provenientes de Arecibo para comercializar sus productos agrícolas, Utuado va despertar a una economía mas amplia gracias a la infusión de conocimientos y contactos que le llegan bajo la gobernación de Miguel de la Torre.

Cayey, en el centro este de Puerto Rico, fundado en 1774 mediante un compacto entre ganaderos y labradores, tuvo una exitosa fase de producción ganadera. En los 1820 inmigrantes catalanes y franceses inspiraron un breve desarrollo cañero en su valle, pero al igual que Utuado encontraría en el café el medio para integrarse en una economía de mercado. Con mejores comunicaciones a la emergente economía de la costa sur que Utuado, Cayey dependería en un grado alto de la esclavitud para desarrollar la agricultura. Al igual que Utuado lanzaría su proyecto de agricultura comercial bajo la gobernación de Miguel de la Torre (1823-1837).

De la Torre y los Emigrados

Muchos de los emigrados habían sido funcionarios en el gobierno de Tierra Firme, como administradores, fiscales, notarios, maestros. Otros eran comerciantes, soldados, hacendados. Algunos llegaron sin recursos, otros fueron mas previsores. El gobernador Miguel de la Torre aprovechó la experiencia de los emigrados y los nombró tenientes a guerra, y funcionarios de gobierno. Otros buscarían ejercer el magisterio o desempeñarse como notarios.

En Cayey, De la Torre nombró teniente a guerra en 1828 a Tomás Pacanins, catalán de nacimiento, pero emigrado de Tierra Firme a Puerto Rico. Pacanins y su sobrino José parecen haber traído pocos bienes de Venezuela. Ambos consiguen concesiones de terrenos baldíos del Gobierno en Cayey. Pacanins suscitó la resistencia de varios vecinos criollos, quienes escribieron al gobernador expresando su preferencia por autoridades municipales reclutadas localmente.

> hase serca de ocho años que se ven estos vecinos y nos vemos con los mayores disgustos y desconsuelo por no tener confianza en los jueses territoriales que han gobernado y gobiernan este partido... haremos una minima insinuacion sin querella ni agravio de los que le han servido en el mencionado tiempo pero a precausion de no sufrir otro Gobierno territorial que no sean vecinos del partido pues quando gobernaban los naturales... se nos trataba con dulces palabras y demas... sin faltar a la

> justicia y cumpliendo las ordenes superiores, estos señores que sirvieron antes del mensionado tiempo sin faltar a la puedad ni inrogar ninguna especie de mal ni insultarnos de escrito ni de palabras, cumplían con nosotros y con las ordenes superiores... Recaudavan todos los derechos Reales satisfaciendolos con integridad, y si algun vecino por estar descaido de fortuna o pobreza faltaba estos los ponian de su bolsillo y nos davan tiempo para traerlo...

Pacanins pudo renovar su nombramiento de teniente a guerra de Cayey en años sucesivos. El y su sobrino José, que era miembro de la Sociedad Económica de Amigos del País, murieron a pocos días uno del otro en abril de 1833.

En Utuado De la Torre primero nombró teniente a guerra a un inmigrante dominicano, Silvestre de Aybar, quien provocó las lealtades como la oposición de los vecinos. Los opositores de las grandes familias terratenientes que habían dominado los gobiernos municipales expresaron su oposición, mientras las nuevas familias manifestaron su apoyo. En 1828 asumió el cargo Pedro Manuel Quero, a quien el propio don Miguel de la Torre le había concedido pasaporte para salir de Puerto Cabello en 1821, junto con su madre y sus hermanas. En Utuado Quero reorganizó el archivo municipal, sistematizó la protocolización de las escrituras, llevó a cabo un censo nominal de la población, e incentivó la construcción de caminos y la producción agraria.

Intentó promover el cultivo de algodón en Utuado. Reviste interés su comunicación al gobernador al respecto:

> he sacado en conclucion que todos los labradores del distrito no han sido hasta la fecha mas que unos meros rutineros apegados a los añejos principios agrícolas que heredaron de sus mayores, de cuyas maneras jamas han pensado en adelantar un paso; en consecuencia de lo dicho solo se aplican a las labores de café en pequeñas porciones. ... he

> calculado que si lograse que en el presente año me sembrase cada labrador una cuerda de algodón ahun que no fuesen los que las pusiesen mas que un tercio de ellos y vendiesen dicha especie por un precio infinito, siempre entrarían en Utuado el año proximo venidero sesenta mil pesos que agregarían a su riqueza y conocida la utilidad estenderian sus sementeras en lo sucesivo, solo resta estimularlos y para ello me ha parecido suficiente librar para el año entrante de todos los trabajos consegiles a todos aquellos labradores que en el presente manifiesten dentro sus siembras a una cuerda de algodón: lo he consultado con varios de los principales, y no solamente han aplaudido mi proiecto, sino que me han ofrecido coayubar por su parte a su logro...

Este lenguaje resulta fantasioso, dadas las realidades de comunicación, crédito y mercadeo en el Utuado de esa época, pero el tono en que mezcla la visión empresarial con el tono paternalista ("si lograse que en el presente año me sembrase cada labrador") retrata la prepotencia asumida. El proyecto algodonero no resultó en nada, pero Quero se mantuvo como teniente a guerra hasta 1832. El testamento de Quero, emitido en la Capital en 1852, lo revela como un hombre piadoso, ya viudo, que dispone un entierro sencillo, 30 misas de San Vicente, una a San Antonio, otra al Sagrado Corazón, otras a Nuestra Señora del Carmen, de Belén y de la Concepción, una al ángel de su guarda, una al santo de su nombre, una a San Rafael y otra a San José. Reconoce un hijo tenido fuera de matrimonio y declara que sus deudas son pocas.

El sucesor de Quero en la tenencia a guerra fue otro venezolano, Manuel Muñoz, quien en 1829 negoció desde la isla de San Tomás su entrada a Puerto Rico, reclamando que "a consecuencia de la conspiración que estalló en la Costa firme contra la vida del Presidente actual (Bolívar), ha tenido que emigrar de aquel país por hallarse complicado en ella". Su padre estaba preso allá, perseguido a causa de la misma conspiración, y Muñoz se encontraba en "deplorable situación". Manuel Muñoz obtuvo concesiones de terrenos del gobierno y fundó una familia que quedó vinculada a la tradición letrada de Utuado. Sus descendientes estuvieron vinculados a las corrientes liberales y modernizadoras de la segunda mitad del siglo 19 y principios del siglo 20.

Los Emigrados en Cayey

Un repaso de los nombres de emigrados a Cayey en el período entre 1810 y 1835 ofrece un panorama de la diversidad de las experiencias. Del actual territorio de Venezuela llegó Ignacio Avilés, natural de la provincia de Maracaibo, quien murió viudo, de 95 años, en la casa de Manuel de Rivera en el sector Morillo del barrio Montellano de Cayey. De Coro en Costa Firme vino José Jesús Betancourt, quien casó en Cayey en 1830, pero al parecer no pudo adelantar fortuna, pues tanto él como sus hijos pequeños recibieron entierros de limosna en años sucesivos.

María Vicenta Franc, natural de Caracas, casó en 1835 con el hijo de un liberto. Calificada como parda libre en su partida de entierro, murió de 46 años en 1844. Una esclava de Rafael Istiaga, Juana María, de 25 años, natural de Caracas, falleció en el pueblo de Cayey en 1832. De José Martínez, natural de Costa Firme, de 50 años y fallecido repentinamente en 1836 no se puede al presente establecer otro dato, por ser varios las personas de ese mismo nombre que vivían entonces en Cayey.

Juan Inchausti, natural de Cumaná y casado en 1810 con una heredera cayeyana, doña María Bernardina de Aponte, fue el fundador de una numerosísima familia que todavía vive en Cayey.

Otro emigrado de Tierra Firme fue el catalán Jerónimo Sanz, quien el día antes de su muerte en febrero de 1843 "había hecho una declaración de pobre ante el alcalde accidental dando poder a d. Benito Puig y d. Pedro Vilar para testar, si llegaban a conseguir se le devolviesen los bienes que dejó en Caracas quando emigró de aquel país por causa de la revolución, en cuyo caso se los cedía haciendolos sus herederos por falta de forzosos". .

De Cartagena en la actual Colombia procedía la esclava Josefa, de 3 años, quien murió en 1814, hija de otra Josefa, esclava de Antonio Marín. Antonio Rodríguez, natural del "Cayado de Lima", dice la partida de defunción en 1827, murió pobre de solemnidad a los 50 años y recibió entierro de limosna. También de allá procedía José de los Santos Villavicencio, también llamado José de los Santos Limeño, quien murió en 1832 a los 95 años en el sector el Morrillo de Cayey.

El testamento de un cubano, emigrado de Venezuela y fallecido en Cayey, nos permite apreciar las complejidades de estas historias de vida. El 14 de marzo, 1844, don Francisco Descartes, viudo, natural de Santiago de Cuba, vecino del partido de Santa Isabel en Puerto Rico, pero residente en Cayey, confirió poder para testar a su legítima hermana, doña Natalia Descartes de Tapia. Después de señalar legados y declarar universales herederos a sus tres hijos, le dio instrucciones específicas a su hermana que esta pormenoriza en el testamento que a nombre de él extiende en 13 de abril de ese año. Por ese documento nos enteramos que Descartes, además de poseer una estancia en el barrio Matón Arriba de Cayey, era un gran terrateniente en Santa Isabel, donde tenía ganado. También poseía en la República de Venezuela, pueblo de Verguia, lugar de Araguata cerca de Barquisimeto, una hacienda de café y otras siembras, ganado, casa de habitación y utensilios de labranza y tres esclavos, José María, Tomasa y Fernando, cuya posesión dejó encargada a su cuñado el cura d. Rafael María Antich por haberla tenido que abandonar por asuntos políticos, de cuya hacienda dará cuenta con lo demás que dejó a su cuidado. . También dijo que después de arreglada la testamentaría se fuese la apoderada con los hijos de él con dos tíos de los menores, cuñados de Descartes, "para que los ampare y los eduque y así le recomendó particularmente en sus últimos momentos en cuya confianza moriría tranquilo".

Con el testamento de Descartes abordamos la próxima generación de emigrantes de Sur América, que llegan a Puerto Rico no tanto por lealtad al gobierno español como por asuntos políticos que surgen después de la consolidación de las independencias.

Conclusión

Si algo revelan estas historias de vida es la enorme variedad y heterogeneidad de experiencias. Los emigrados a Cayey y Utuado no están cortados por una sola tijera. Hay hombres y mujeres, libres y esclavos, españoles peninsulares que habían estado establecidos en Tierra Firme y naturales de Carcacas, Coro, Cumaná, Maracaibo y otros lugares, funcionarios que logran engranar con el régimen prevaleciente, y personas que se tienen que acoger a la protección de otros, gente que dejó bienes en Venezuela y no tiene mucha esperanza de recuperarlos, y un cubano que ha hecho arreglos muy precisos y cuidadosos para asegurarle la herencia a sus hijos. Algunos fundaron familias que todavía son conocidas en Puerto Rico, otros murieron sin descendencia. El acento progresista que alguno le imprimió a su gestión anima a pensar que algunos contribuyeron al desarrollo de la economía y de las letras.

Quizás fue mas evidente en Ponce, centro de la actividad azucarera y comercial de la isla en el siglo 19, la impronta de estos emigrantes. Pero como suele pasar en Puerto Rico, en dos o tres generaciones, la identidad original de la familia inmigrante se diluye, según otras alianzas matrimoniales, otras gestiones económicas y cambios sociales, integran a los recién llegados al mundo insular. La piedra cae en la charca, hace círculos concéntricos de mayor o menor envergadura, pero el agua vuelve pronto a su acostumbrada placidez.

El Debate sobre la Criminalidad en 1894

SEGÚN LOS ESTUDIOS QUE Pedro Vales, Blanca Silvestrini y otros han llevado a cabo, ha habido tres grandes cimas en el comportamiento delictivo en Puerto Rico: en la década de los 1890, en los 1930, y la contemporánea. De ellas, la menos estudiada es la de los 1890, que está vinculada a la crisis resultante de los bajos precios del azúcar mascabado puertorriqueño y el estancamiento social y económico de los antiguos municipios cañeros de la costa.

En la década de los 1890 había conciencia sobre un auge en la criminalidad. Sin embargo, el país tenía unas nociones muy superficiales sobre por qué las personas consumidas por la anemia y la tuberculosis que aparecían en los expedientes criminales delinquían. En agosto de 1894 el periódico El Buscapie instituyó una encuesta entre sus lectores sobre la criminalidad. Es interesante leer lo que algunas de las personalidades del país adujeron entonces como las causas de los comportamientos criminales. Francisco de Paula Acuña hizo un historial de la criminalidad en las décadas precedentes y abogó por la prevención. Rosendo Matienzo Cintrón pidió estudios sistemáticos de la causa del mal. Francisco del Valle Atilés afirmó:

> Que hay razas mas predispuestas a la criminalidad que otras es indudable; en nuestra población hay tal heterogeneidad étnica que la resultante permanece aun indefinida... Una

> alimentación deficiente ha de producir trastornos orgánicos transmisibles por la herencia.

Un "ilustre sacerdote puertorriqueño", no identificado, dijo que la causa de la criminalidad era la falta de religión, especialmente el mal ejemplo en este respecto de las clases acomodadas. Antonio J. Amadeo, de Maunabo, arguyó sobre la heredabilidad de las tenencias criminales y abogó por "manicomios-cárceles para los delincuentes con deformaciones o signos morbosos congénitos". Pidió también que se creasen presidios o penitenciarías en Africa o en Asia, "enviando allí por procedimientos rápidos a todos los delincuentes de la Isla, que no han de sufrir la última pena."

José de Diego atribuyó la ola de criminalidad a la lenidad de las penas:

> ¿Dónde están, pues, las causas de tantos delitos? En las penas. Ya no es verdad exclusiva que el delito engendre la pena; la pena también engendra el delito... De seis años a este, corre como un temporal la ola de sangre de los delitos contra las personas, y el aluvión de los delitos contra la propiedad anegan y devastan la Isla.

Abogó por mas cárceles, mas policías, la pea de deportación, la suspensión del jurado y la abolición del indulto.

Todas estas aportaciones al debate sobre la criminalidad de 1894 suponían que los que cometían los delitos eran los pobres. No hablaron de los abusos y atropellos de hacendados, de fraudes en las tiendas de raya, de intimidación de los peones por el personal de la Guardia Civil y de los nefastos Voluntarios, de las maneras en que las contribuciones eran fijadas por los ayuntamientos, de los fraudes electorales, de los pesos y medidas que usaban algunos comerciantes, de las violaciones de indefensas muchachas de 14 años, como la que Evaristo Izcoa Díaz denunció en Toa Alta ese año y señaló al hijo del teniente alcalde como uno de los perpetradores. El discurso de la peligrosidad era siempre del pobre que no respetaba la propiedad y la dignidad de las personas bien. El propio Buscapié para esas fechas estaba quejándose:

> Una turba de chiquillos haraposos invade la plaza de armas, todas las noches de retreta, y dificulta el paso de las señoras, pronuncia palabras soeces y produce allí un efecto desagradable. La policía debe purgar de este desorden aquel ameno espectáculo.

Los espacios públicos, acaparados por la gente bien, representaban el orden ideal de la sociedad. Pretender idealizar esa sociedad tan altamente estratificada y con tan poco margen para expresar sensibilidad por la miseria y la injusticia social es desvirtuar la historia de Puerto Rico.

Las Prácticas de los Historiadores

Dialogando con la Literatura

La discusión del momento es la relación entre la historia y la literatura. Para algunos, todo lo que ha pasado por conocimiento histórico se puede descomponer en discursos historiográficos. De conocimiento verdadero, nada. Sólo hay narraciones mas o menos sesgadas por la formación, los intereses o los caprichos de los historiadores.

Ante estos planteamientos los historiadores positivistas se encrespan, los marxistas invocan su ciencia del materialismo histórico, y los discípulos de Marc Bloch y Lucien Febvre llaman a un diálogo con la literatura.

Algunos diálogos acaban en matrimonio, y hay quienes ya anuncian la feliz boda entre Clío y Apolo. No sería la primera vez que Clío se emparentase con alguna encopetada disciplina. Los seguidores de Platón la consideraban muy cercana a la poesía e igualmente tramposa. En el siglo I Quintiliano pensaba que la historia era una rama de la Retórica. San Agustín la reclamó para servir a la teología, y en siglos subsiguientes se le achacaron amores con la filología, las ciencias militares, la diplomacia, la antropología, la sociología, la economía y otras ciencias ocultas. En los 1960 se habló de psicohistoria; en los 1970 de una historia tan matematizada que el segundo volúmen del famoso trabajo Time on the Cross, de Fogel y Engermann, parecía consistir mayormente de ecuaciones. Sobrevivió al estructuralismo de Althusser para caer en las redes de Foucault, y apenas libre de éste la posmodernidad la ha pretendido seducir.

Consideremos la presente soltería de la historia, todavía no apellidada literatura. ¿Se puede escribir historia sin utilizar un solo recurso literario? Examinemos a tres historiadores. Este es Salvador Brau, hablando en La Colonización de Puerto Rico sobre los frailes dominicos, "que desde la cátedra sagrada fulminan contra todos los que privaban de su libertad a los indígenas...

> Poco importa que la opinión arrolle a esos luchadores. Las ideas son simiente, y esparcidas por el huracán desenfrenado de las pasiones, extintas parecen, cuando no han hecho mas que diseminarse para germinar lentamente con el espíritu, resurgiendo al cabo triunfantes en la humana conciencia.

Miremos también a Bolívar Pagán, en su Historia de los Partidos Políticos en Puerto Rico:

> Después de conocido el resultado de las elecciones de 1940, el liderato del partido Popular Democrático, y especialmente su dirigente máximo Luis Muñoz Marín, desplegaron una propaganda hábil o impresionante que en verdad caló profundamente en la conciencia pública en Puerto Rico, dando la impresión que había acaecido una revolución en las urnas. Los números y escrutinios electorales de 1940 no sostienen eso.

Y tomemos nuestro tercer ejemplo de Francisco Scarano, Puerto Rico, Cinco Siglos de Historia:

> Los esclavos traídos a Puerto Rico durante el transcurso de casi cuatro siglos del tráfico inhumano, portaron consigo esta herencia cultural africana en sus centenares de variaciones y matices. Sin embargo si se les hubiera preguntado, ¿"Quién eres?, ninguno hubiese respondido, "Soy africano, portador de una herencia cultural africana única." Hubiese replicado probablemente: "Soy de un

> pueblo llamado..." Y es que los africanos traídos a Puerto Rico venían de una multitud de tribus, grupos étnicos y estados, cada uno dueño de una historia y una tradición propias; pero ¿de cuales?

De los tres ejemplos citados parecería que Brau, por sus vívidas metáforas, es el único que está usando recursos literarios. Pero la sobriedad de los otros dos textos no debe ocultar el uso cuidadoso de giros de expresión. "Una propaganda hábil o impresionante," dice Bolívar Pagán, y ese "o" tiene abolengo, lo podemos encontrar en Tácito y en Maquiavelo, suscitando la sospecha de que el segundo término de la disyuntiva es mas probable que el primero. Y luego los usos metafóricos de "caló" y "sostienen" le dan fuerza a las oraciones, para que su propia rotundidad constituya la prueba de una posición.

En Scarano es interesante el diálogo hipotético con los esclavos africanos. La mera afirmación de la enorme variedad cultural no basta; hay que darle voz a los que no han podido ser citados directamente. El recurso literario de la pregunta entonces revierte al lector testigo del diálogo a quién ahora a su vez se le pregunta: "¿de cuales?" De esta manera el texto tiene variedad sintáctica y mantiene al lector alerta y participativo.

Quizás la unión entre las disciplinas histórica y literaria hace tiempo que se dio, y de lo que se trata es de bendecirla en la iglesia. Pero convendría que la formación de los historiadores profundizara en la identificación y el aprendizaje de los recursos literarios, para que puedan usarlos siempre con efectividad.

Sin embargo, el hecho de que la historia utilice recursos literarios al punto de que parezca un género literario mas no le arrebata a la historia su propia identidad. Tiene una misión: tratar de entender el por qué del presente. ¿Por qué hay pobreza? ¿Por qué se dan los conflictos en nuestras sociedades? ¿En qué grado el pasado explica los logros, los valores y las mentalidades del presente?

El historiador trata de entender porque está comprometido con algún punto de vista o solución. Aquella vieja visión de que el historiador era un ser antiséptico, incontaminado de anhelos, purificado de aspiraciones, cede hoy día al reto: el que esté libre de ideologías que tire la primera piedra.

Porque nos interesamos en cambiar las estructuras injustas y discriminatorias del presente y en promover las justas aspiraciones de sectores marginados y en desventaja es que planteamos los temas y los problemas de nuestras investigaciones. ¿Cómo procedemos los historiadores?

Los manuales nos dicen que definamos el problema a investigarse en forma de una pregunta, que ubiquemos esa pregunta dentro de un paradigma apropiado, que identifiquemos y consultemos las fuentes, tomemos las notas imprescindibles, analicemos los resultados de nuestra investigación, hagamos un bosquejo y nos pongamos a redactar. Todas estas operaciones son necesarias, y en la práctica se llevan a cabo, pero nunca con el orden, la distinción de operaciones y la precisión de objetivos que dicen los manuales.

En la práctica lo que ocurre es algo como lo siguiente: Me interesan, por ejemplo, los conflictos sociales que se dan en Puerto Rico en el período posterior al Grito de Lares y anterior a la invasión norteamericana de 1898. Me pongo a buscar en la serie Criminal del Fondo del Tribunal Superior de Arecibo porque sospecho que allí voy a encontrar ejemplos de esos conflictos sociales. Encuentro en una caja de dicha serie el expediente que se abre con una querella fechada 11 de julio, 1898 de un propietario, Francisco Sella, al Juez Municipal de Utuado, informándole que en la noche precedente le habían quemado una casa en la orilla del camino en el barrio Ángeles.

La corte ordena una inspección ocular de los escombros y le toma declaraciones a los vecinos. Así surge la declaración de la lavandera María Anastasia Colón, quien dice que

> hara pocos días estubo... en la casa quemada en la que vivían Eufemio y Monserrate Soto y oyó decir al primero que el Sr. Sella le había mandado desocupar la casa pero que él no lo hacía porque el omisario del barrio le había dicho que en esta época no se podía votar a nadie. Que como al oscurecer de la tarde del domingo anterior el Soto le entregó la llave de la casa para que la entregara al Sr. Sella como así lo hizo. [1]

Esta declaración me pone inmediatamente a pensar: ¿Por qué Sella quiso desocupar la casa? ¿Fueron los ocupantes desalojados por algún tipo de coacción? ¿Fueron ellos los autores del incendio?

Eso es al menos lo que creyó el propietario de la casa, Francisco Sella Rodríguez, quien declara el 12 de julio en Utuado que sospecha de los Soto

> puesto que vivieron en dicha casa hasta la tarde del domingo en quese marcharon de ella sin decir nada al declarante, ni hacerle entrega de la llave, un petate y una lata que tenían del declarante; sospecha que abulta mas el hecho de que les había mandado desocupar la casa quince días antes, y que aquella noche del domingo durmieron en la casa de d. Pablo Calcenada, pero ayer en la mañana se marcharon ignorándose su paradero: que debe también hacer constar que al mandar recado al Soto para que se marchara de la casa quedó muy disgustado. [2]

La corte procedió entonces el 25 de julio a interrogar al propietario Pablo Calcenada, a cuya finca los sospechosos

1 *AGPR, Tribunal Superior de Arecibo, Criminal, Utuado, caja 956, expediente 236, 5 r-6 r.*

2 *Ibid., 8 r-9 r.*

desalojados primero se habían dirigido. Este niega conocer a los Soto: "puede suceder que haya venido a pedirle arrimo en su propiedad porque son muchos los que se presentan a diario", pero en definitiva no están en su finca. Alguien mas dice que se han ido a Lares.

La corte entonces ordena la comparecencia de los sospechosos y la publicación en la Gaceta oficial de la orden. Sin embargo la corte no puede constatar la publicación de su edicto en la Gaceta "A causa de que con motivo de los sucesos políticos ocurridos en la Ysla, no se ha recibido la Gaceta oficial." Los sucesos políticos, naturalmente, son la invasión del 25 de julio y la ocupación de Utuado por los norteamericanos el 3 de agosto.

El 20 de octubre se anota en el expediente que "en las pocas Gacetas que han llegado a esta población no se encuentra publicado el edicto expresado en este Sumario". El juez nuevamente ordena la publicación del edicto, que finalmente ocurre el 26 de octubre. Pero los Soto no comparecen y el 27 de enero del 1899 son declarados "rebeldes". Al parecer nunca fueron detenidos y procesados, porque ahí se detiene el expediente.

¿Qué puede hacer uno con este expediente inconcluso? En primer lugar, uno se pregunta: esto que ha ocurrido, ¿qué es? ¿Lo puedo comparar a otros incidentes? Al hacerlo, inicio el proceso por el cual acabo tipificando no sólo los episodios, sino las personas mismas. Acabo viendo en este asunto un ejemplo de las relaciones tirantes entre propietarios y arrimados. Veo como la guerra de 1898 incide sobre las vidas cotidianas. Me sorprende o no me sorprende el hecho de que sin una sola prueba en su contra los arrimados se conviertan primero en sospechosos y luego en "rebeldes". Me doy cuenta cuan ineficiente es el estado en su pesquisa, y como esa ineficiencia se complica grandemente por la invasión. Inevitablemente me pregunto ¿pero quiénes son estos personajes?

Busco información sobre Francisco Sella Rodríguez, el propietario, y lo encuentro en El Porvenir de Utuado, esa maravillosa descripción de fincas utuadeñas publicada por Ramón Morel Campos en 1897. Ahí me entero que la estancia San Isidro, de d. Francisco Sella Rodríguez, de 150 cuerdas en Ángeles se estableció en 1895, que tiene 20 cuerdas en plena producción cafetalera, de 20 a 25 mas "de porvenir", es decir, de café que no ha entrado en producción, y el resto es de pastos y malezas. Nos dice la reseña que en la finca "hay comodidades para agregados y casas dispersas en la finca". Sobre el propietario nos dice que llegó a Utuado en 1878, se estableció inicialmente en el barrio Guaonico por 4 años, "donde se limitó a recolectar el fruto y sostener la propiedad". Seguidamente se trasladó al barrio• Santa Isabel, donde adquirió inicialmente 80 cuerdas y luego fue reuniendo cuerdas adicionales, hasta 146. Eventualmente vendió esta finca en 30 mil pesos.

Sella pues es un hombre exitoso, que ha ido progresando en el cultivo del café, y se ha hecho de una posición social, es un "don" en una sociedad que escatima ese título a la mayor parte de las personas.

Cuando volvemos a encontrar a Sella, en el padrón de terrenos para el año 1900, averiguamos que ahora sólo tiene 32 cuerdas en Ángeles. Algo ha pasado; el proyecto cafetalero ha colapsado.

Los Soto, por otro lado, no aparecen en la documentación consultada hasta el presente. Restan como meros nombres, con apellidos interesantes, sin embargo, pues remedan los apellidos de los condueños originales del hato de Ángeles, los Sotomayor, que eventualmente son comúnmente llamados Soto en la documentación utuadeña.

¿Qué hacemos ante la sequedad de las fuentes? Cuanto me gustaría en esos momentos ser novelista, y ver en Eufemio y Monserrate Soto el principio de una saga boricua, la antítesis de Los Soles Truncos, una historia que comience y no termine con una casa quemada, y que por los vericuetos de las partidas sediciosas y los torrentes del huracán San Ciriaco desemboque en un asentamiento espontáneo en Aguadilla, donde los hijos son desalojados por la construcción de la base Ramey, pero de la unión de una hija con un aviador en la ruta de Dakar nazca un vástago con proclividades funambulescas que lo lleven a descollar en las ramblas de Barcelona en los momentos agonizantes del franquismo.

Es posible que la realidad haya sido mucho mas interesante que mi fantasía. Pero mi deber ministerial es volver al expediente del Fondo del Tribunal Superior de Arecibo y preguntarme si este incidente de la quema de la casa es un hecho aislado, o refleja un patrón de conflictos entre propietarios y agregados que se ha dibujado desde mucho antes de la invasión del 1898. En otras palabras, es comparando con los testimonios de incidentes similares que le puedo sacar pleno provecho al expediente iniciado por Francisco Sella en julio del 98.

Los recursos de la exégesis literaria me ayudan a decodificar las percepciones de los declarantes en el expediente, y me inducen a buscar nuevas pistas. Una vez que una a este expediente otros mas quizás me aventure a escribir sobre conflictos entre propietarios y agregados en las fincas cafetaleros de los 1890 en la zona central montañosa. Seguramente entonces invocaría toda la panoplia de recursos literarios a la disposición de los que redactan libros y artículos de historia. Pero la distinción es clara, no puedo hacer todas las maravillosas cosas que un buen cuentista o un novelista ingenioso haría con los personajes que los testimonios documentales me sugieren. Puedo constituir a Francisco Sella y a Eugenio y Monserrate Soto en personajes históricos, pero sin trasgredir los cánones de la Historia no les puedo reconocer mas voz que el eco que quedó en los documentos, ni mas vida que la huella que quedó en los papeles. No en balde tantos historiadores acaban escribiendo novelas.

El Recato de Historiar y el Placer de Novelar:

La Querella de los Ortega y los Cabrera del Barrio Unibón de Morovis

ESTE ENSAYO TRATA DE un rapto voluntario y de una muerte no castigada. Comencemos con una denuncia que no pudo ser mas escueta:

> Señor Juez Municipal Mi vesino Lorenzo Ortega me ha espuesto la queja que en la noche de anoche a las doce le fue raptada (sic) su hija Antonia de 15 años de edad y se sospecha que halla sido el del echo Pascual Cabrera lo que pongo en conocimiento de VS para lo que crea mas conbeniente. Dios guarde a V.S. muchos años. Unibon. 13 de Abril de 1896. El Comisario Pedro Cabrera .[3]

Como esta denuncia hay cientos de otras parecidas en los archivos judiciales de la época, y la inclinación del investigador es dejarla y tomar otro expediente. Pero en este caso vamos a resistir a la rutina; pasemos las páginas de este centenario expediente. De la investigación practicada por las autoridades de Morovis resulta que la muchacha no tiene 15, sino 17 años; que él es jornalero y se la ha llevado a la casa de su hermana Eleuteria en Vega Alta. Las autoridades obtienen

3 *Archivo General de Puerto Rico (AGPR), Tribunal Superior de Arecibo, Criminal, Morovis, caja 1119, expediente num. 466 de 1896, "Rapto de Antonia Ortega Valentín," 1 r.*

que tanto Antonia como Pascual sean enviados de Vega Alta. El es puesto en prisión preventiva y ella es interrogada:

> Preguntada para que diga si ha tenido union carnal con su referido amante Pascual Cabrera contestó que desde dos o tres meses antes de salirse de la casa paterna ya estaba ofendida en su virginidad por su amante y desde entonces en todas ocasiones que les hera posible se unían. Preguntada si su padre sabía que no era doncella contesto que cree que su padre nada sabía ni sospechaba puesto que nunca le había hecho indicación alguna. [4]

Hasta aquí nada llama la atención. Antonia relata sus primeros tratos con Pascual. Su padre se enteró de que Pascual la rondaba y "por ser este de color negro se opuso a las relaciones dandole malos tratos a la dicente razon por la cual se marchó de su casa yendo a reunirse con el Cabrera..."

Pascual declaró que "al hacer saber las relaciones al padre de la Ortega se opuso a ello aquel sin duda por que el declarante es hombre de color, lo cual no es motivo para que aquel se oponga y por eso maltrató a su hija la que asediada se marchó a casa del esponente que la recojió".5

Habiendo reunido toda esta evidencia la corte resuelve que como Antonia no era doncella cuando se marchó de su casa, "no puede apreciarse el hecho como constitutivo del delito de rapto".

¿Fin del caso? De ese expediente, sí. Pero he aquí que tres años mas tarde se forma un expediente sobre el hurto de una novilla a Graciano Archilla en el mismo barrio del Unibon. Son acusados Venancio Cabrera y Ríos y su hermano Pascual Cabrera. Lorenzo Ortega, su hermana Teodora y su hijo Alfonso son los que denuncian. La lectura

---

4 *Ibid., declaración de Antonia Ortega.*

5 *Ibid., 28 r-v y 30 v.*

de este expediente pone de manifiesto todas las sutilidades de aquella sociedad del barrio Unibon pocos meses después de la ocupación del municipio de Morovis por las fuerzas norteamericanas.

De salida, notemos que los norteamericanos no aparecen por ninguna parte en el expediente hasta literalmente el último folio. Lo único que nos permite constatar que ha habido un cambio político es que el sello de la corte tiene ahora un águila. En vez de ser el comisario del barrio es la pareja de policías que registran la denuncia hecha por el propietario Graciano Archilla de que le habían matado una novilla de 9 arrobas en la propiedad de Federico Cabrera "y que el autor del robo había sido Benancio Cabrera y su familia".6

¿Cómo ha llegado Archilla a esa acusación? Con la ayuda de la familia Ortega. La declaración que los policías le toman a Lorenzo Ortega es instructiva:

> contestó: que lo único que le manifestó a Dn. Graciano fue que viniendo un día para su trabajo se encontro en el camino con un muchacho que no conoce con un pedazo de carne como de dos libras al que le pregunto de donde había sacado aquella carne contestandole que era de una novilla que había matado Benancio Cabrera.[7]

Ortega siguió camino para su trabajo, pero envió a su hijo Alfonso a comprar maíz y habichuelas en la casa de Pascual Cabrera, "manifestandole al regresar que habia bisto mucha carne de res en dicha casa".

Su hermana Teodora le relató lo sucedido a don Graciano y que "no se apurase en buscarla pues la mitad de la carne

6 *Ibid., expediente num. 169 de 1899, "Hurto de una novilla a Graciano Archilla," 1 r-2 r.*

7 *Ibid., 1 r-v.*

la habían botado por dañada." Pero es la declaración de Alfonso la que carga la causa contra los Cabrera:

> ... preguntando el dicente al Pascual Cabrera que de donde había adquirido tanta carne a lo que contestó que aquella carne procedía de una novilla que Benancio Cabrera había robado a Don Graciano Archilla y cuya res había sido sacrificada en el habra que existe cerca de la casa del Pascual hayandose presente los individuos Juan Arroyo Pedro Cabrera Benancio Cabrera Eusebio Cabrera y Jacinto Cabrera... todos los individuos hantes citados tenían ese día carne de dicha res en sus casas pues el estubo en varias de ellas y pudo verla.... [8]

Resulta de leer el expediente que este era un barrio donde todo el mundo vigilaba a los demás, y ante las pocas eventualidades de la vida cotidiana, el que todos los Cabrera tuvieran carne de res para comer en sus casas es tema sensacional. El resto del grueso expediente es un delicado ballet en el que las autoridades tratan de fijar responsabilidad por la muerte de la novilla y los Ortega atacan comedidamente a sus rivales los Cabrera. Es interesante notar las conjunciones y los contrastes. Resulta que Alfonso había estado viviendo unos seis meses en casa de Pascual Cabrera, con su hermana, presumiblemente la Antonia del expediente previo, pero hacía poco había regresado a vivir con su padre. Por otro lado hay una circunstancia interesante que una consulta al Catastro de Morovis confirma: Federico Cabrera, el dueño de la tierra y padre de todos los Cabrera, tiene 50 cuerdas de terreno[9], al parecer mucho mas que Ortega, quien trabaja en la propiedad de otro.

La declaración de Venancio Cabrera, sin embargo, hace patente la vulnerabilidad de los Cabrera. Venancio

---

8 *Ibid., 2 r.*

9 *AGPR, Catastro de Fincas Rústicas de Morovis, num. 50.*

declara que tiene 50 años y que ha sufrido 7 años de prisión correccional por varios delitos:

> el lunes de la semana atrasada... fue instado por su hermano Pascual para cojerla una novilla que tenía D. Graciano Archilla pastando en la propiedad la cual condujo a un palo de bucayo en donde la sacrificaron distribuyendose la carne entre su hermano Pascual Juan Arroyo hayandose presente tambien su hermano Eusebio el que no participo de ella... se haya dispuesto a pagarla o a sufrir la pena que le sea impuesta negandose en absoluto a manifestar donde está el cuero sosteniendose que el unico que tomo parte en dicha operacion fue su hermano Pascual y que la carne se desaparecio al momento pues habia amigos de fuera sin que pueda precisar en estos momentos el nombre de ninguno de ellos. [10]

Esta declaración de Venancio, sin embargo, ha sido ante los Guardias. Cuando la Corte Municipal toma injerencia en el asunto, los Ortega se ratifican en la acusación, pero Venancio modifica la suya:

> el declarante cojió la novilla que estaba pastando en terrenos de Dn Emilio Torres la condujo a la estancia de Federico Cabrera y al lado de un palo de bucayo donde está una piedra y allí en unión de Lorenzo Ortega la mataron tomando Lorenzo una arroba y la demás se quedó perdida. Que nada mas sabe. [11]

Por su hermano, Venancio ha sustituido como cómplice al propio acusador. El que nadie le cree esta parte de su declaración es evidente, pues no se retoma. Pero todos los Cabrera son unánimes en proteger a Pascual. Ellos no han visto nada, no han oído nada. José dice que Venancio ha

10 *"Hurto de una novilla a Graciano Archilla," loc. cit., 3.*

11 *Ibid., 16 r.*

vivido hará 15 o 20 días en su casa. La confesión de Venancio carga con toda la culpa que se pueda atribuir a la familia.

El Juez Municipal de Morovis, por lo tanto, cierra las diligencias y envía a Venancio al Juez de Instrucción en Arecibo. Este constata que se ha cometido un hurto que no excede de 250 pesetas de valor, del que aparece responsable el acusado Venancio Cabrera. Venancio queda en libertad provisional mediante la obligación de acudir al Juzgado Municipal de Morovis los días 1 y 15 de cada mes. La fianza es fijada en 2 mil pesetas, sujeta al embargo de bienes por igual valor si no es prestada en metálico. 12

El expediente de embargo de bienes revela que Venancio no los posee. Este cita como testigos de su indigencia a José María Ortega y Ortega (¿hermano de Lorenzo?) y a José María Robles, Estos tienen que bajar al pueblo a testificar que no se le conoce ninguna clase de bienes a Venancio. [13] El alcalde certifica que Venancio no paga cuota alguna de impuestos.

Son los propios José María Ortega y Ortega y José María Robles que testifican que la res había pertenecido a Archilla. Ortega declara que se la había vendido el año anterior "y despues como vecino la veia diariamente hasta la noche de la sustraccion". Roble expresa que le consta la propiedad de Archilla "pues como medianero que ha sido y es del Sor. Archilla veia la res diariamente y muchas veces la tenía a su cuidado".14

El valor de la carne de la res es tasado por dos peritos en 112 pesetas y 50 céntimos. Por fin el expediente está listo para ser remitido a Arecibo y eventualmente a la Audiencia de lo Criminal en Mayagüez, en donde alguna de las severas

12 *Ibid., 21 r-v.*

13 *Ibid., Anexo, "Yncidente sobre embargo de bienes relativo al sumario contra Venancio Cabrera Ríos por hurto".*

14 *"Hurto de una novilla a Graciano Archilla," loc. cit., 27 v-18 r y 29 v.*

sentencias que se están imponiendo a los delincuentes contra la propiedad seguramente espera al ex-confinado Venancio Cabrera. Entonces lo inesperado ocurre.

Es el caso que el gobernador militar Guy V. Henry está dejando su cargo y como despedida concede un indulto a todos los procesados por delitos menores cuyos casos están pendientes en corte. La corte de Arecibo entiende que Venancio estaba "comprendido en el indulto de quince de este mes concedido por el Honorable Jefe del Departamento." [15] El norteamericano se ha aparecido en el último folio del largo expediente y ha salvado a Venancio de volver a prisión.

Once años mas tarde, en el censo de 1910, aparece que Lorenzo Ortega y Ortega ya no reside en el barrio Unibón, sino en la calle Santo Domingo del Pueblo, como empleado de una finca de café y dueño de una casa. Con él conviven su segunda esposa, Petrona Sandoval, y siete hijos de su segundo matrimonio, además de su primo Rogelio, cocinero, y el pensionista Pablo Suárez Ramos, aguador. [16] Todos son descritos como blancos. Sin embargo, la hija de Lorenzo, Antonia, casada con el negro Pascual Cabrera, propietario, es a su vez descrita como negra, así como todos sus hijos. Pascual Cabrera y Antonia siguen residiendo en el barrio Unibón, así como Pedro, Eusebio, José y Josefa Cabrera, sus hermanos. [17] Venancio no aparece. Quedan entonces pocos Ortega en Unibón.

Esteban Graciano y Archilla aparece en el mismo censo como propietario del barrio Unibón, casado, pero viviendo sólo, de 43 años y alfabetizado. Treinta y siete años mas tarde el periódico *El Mundo* destaca en su "Página de la finca

15 Ibid., 32 v.

16 U.S. Department of Commerce, Bureau of the Census, Census of 1910, Morovis, barrio Pueblo, casa 56 familia 59 (en micropelícula)

17 Ibid., barrio Unibón, casas 96, 93, 97, 98, y 106.

y la familia" a don Graciano Archilla, agricultor del barrio Unibón de Morovis, quien cultiva con provecho la vainilla y expresa que ésta "ofrece buena oportunidad a los pequeños agricultores de Puerto Rico".[18] Don Graciano, afirma el redactor, "tiene una fe inmensa en el cooperativismo. Cree que está el porvenir de la vainilla en manos de la cooperativa. Ha sido presidente de la Cooperativa de Cosecheros de Vainilla durante los últimos dos años." La foto que acompaña al artículo hace evidente que este Graciano Archilla no aparenta la edad que tendría si fuera el mismo que el del expediente de 1899.

Todos estos datos son elementos de una historia sin escribir. Están a la disposición del historiador para armar un relato, pero en sí mismos no narran nada. Como dice Hayden White,

> los eventos son hechos una historia por la supresión o la subordinación de ciertos de ellos y el énfasis puesto en otros, por la caracterización, repetición de motivos, la variación de tono y de punto de vista, las estrategias descriptivas alternas, y cosas similares, en fin, todas las técnicas que normalmente esperarías encontrar en el argumento de una novela o una pieza de teatro.[19]

¿Qué haría la narrativa puertorriqueña contemporánea con estos datos de Morovis? En los últimos veinte años ha estado de moda retomar asuntos histórios y rehacerlos literariamente: José Luis González, Edgardo Rodríguez Juliá, Ana Lydia Vega, Rosario Ferré, Luis López Nieves y Olga Nolla, entre otros, han estado relatando mitos fundacionales

18 *Teodoro Soto, "Don Graciano Archilla cultiva la vainilla con mucho éxito," El Mundo, 13 de abril, 1947, p. 9.*

19 *Hayden White, "The Historical Text as Literary Artifact," en Tropics of Discourse: Essays in Cultural Criticism (3ra. impresión; Baltimore: The Johns Hopkins Press, 1987), 84.*

que se apoyan en una historia real o inventada, muchas veces ejemplarizante, en todo caso ávida de prestar sentido al pasado rescatado de historiadores leguleyos o positivistas. ¿Qué harían nuestros narradores con estos expedientes de Morovis? En sí mismos no tienen otro interés histórico y literario que el que cada cual pueda descubrir en ellos. Lo mismo se puede hacer con ellos historia social que una novela histórica; los resultados serían distintos.

Son tantas las veces que nuestros novelistas y cuentistas han asumido el disfraz del historiador que en justa compensación me van a permitir que yo asuma ahora el atuendo del narrador. Figúrense que es Edgardo Rodríguez Juliá a quien Mefistófeles le ha brindado acceso a estos legajos.

¿Por qué Mefistófeles?, preguntarán ustedes. El caso es que Edgardo Rodríguez Juliá ha hecho un pacto con Mefistófeles. Caso insólito para un puertorriqueño, materia mas afín a cerebros germánicos, tema indudable para teólogos morales graves e historiadores de la morfología cultural, pero la evidencia es insoslayable: el hombre, allá en su temprana juventud, quizás todavía bajo el efecto mágico de guayabas sustraídas de los pastizales anulados por la 65 de Infantería o inclusive enganchado por un anhelo atávico de re-posesionarse de una vieja casona en la plaza de Aguas Buenas, en no se que acaloramiento de su cerebro atiborrado por lecturas precoces, conciente o inconscientemente invocó la presencia alada, deseó el exquisito dominio del lenguaje, la ubicuidad del observador no comprometido de antemano con causas generacionales, la omnisciencia del narrador victoriano, la tersa mirada del reportero de gran ciudad, la ironía ilustrada, la mueca criolla, y Mefistófeles se lo ha concedido, es patente, la noche con Iris Chacón en vez de Helena de Troya, el cruce de la bahía de Guánica en vez del

Helesponto, y la contemplación de la nueva Venecia en el carnaval de su imaginación.

El punto es que Edgardo ha entrevistado a Graciano Archilla, y es el mismo, el del expediente de 1899, el del censo de 1910, el del cultivo de la vainilla de 1947, lo ha ido a buscar al barrio Unibón, y en una casa que no aparenta ser moderna, pero que ha cuidadosamente mimetizado sus elementos antiguos para no desentonar con el desorden del desbordamiento urbano que ha llegado a Unibón tanto de Vega Alta como de Morovis, ha conversado con don Graciano, quien a sus 130 años de edad no busca compendiar sus reminiscencias, sino alargarse en el recuento de ellas, mezclando toyotas y novillas, Cabreras y Ortegas, populares y penepés en un solo relato hegemónico en que cuidadosamente ha preparado nichos para cada imagen atesorada, cada sedosa cuenta de un rosario de ciento cincuenta misterios, toda la vida de Unibón desde los compontes de Romualdo Palacios hasta los desmadres de Pedro Toledo, porque en cada pelo de alambre de su memoria ha quedado enhebrada la denuncia de un atropello sin redimir, la soledad de un desahogo reprimido, el anhelo por la justicia de un relato que le devuelva sentido a todo, que restaure las lomas verdes, los senderos sin brea, los años con luciérnagas.

Pero ¿dónde está Antonia? pregunta Ana Lydia Vega. ¿Por qué Antonia Ortega de Cabrera no está al centro del relato? Es obvio que es sobre ella todo este asunto, de como un negro hijo de propietario enamoró a la doncella rosada hija de agregado, fundando así una querella sin término que dividió al barrio de Unibón en dos bandos. El holocausto de la suculenta novilla, cuyo caderamen compartido entre los asiduos de los Cabrera suscitó complicidades y silencios, constituía una afrenta para los pundonorosos Ortega, de cuya pertenencia original era la novilla, pero de cuyo repartimiento se vieron excluidos. El indulto fatal de Guy V. Henry del que se benefició el mentado Venancio sentenció a los Ortega a desterrarse de Unibón, yéndose al pueblo a relamerse sus heridas morales y esperar por el tiempo prometido de su justificación. Seguramente en el pueblo se harían socialistas, aprenderían de cuentas, llegarían a ser vendedores de carros usados, emigrarían a Río Piedras, inventarían su pasado rural, evocarían su hispanidad, aspirarían al procerato. Pero los hijos de Antonia, retozando descamisados en las lomas donde ya no pastaba la oronda novilla de la contienda, recogiendo fresas, buscando bruquenas, inventaron felicidades que ni el Nuevo Trato, ni Manos a la Obra, ni la Guerra contra la Pobreza pudieron opacar. Por eso seguramente allí todavía estarán bacilando, en Unibón de Morovis, los hijos, los nietos y las nietas, los biznietos y las biznietas de Antonia, esperando el calendariado milenio, seguros y pertinaces en su amulatamiento.

No es así, argumentaría a su vez Olga Nolla, porque hay otro documento, no archivado, circulando de mano en mano hace setenta años, la verdadera crónica de Venancio, la historia previa al rapto y al holocausto. ¿Por qué estuvo Venancio preso precisamente siete años antes de su aparición en escena? Seguramente porque era un fraile exclaustrado que renegando de sus primeros votos extorsionó a damas exquisitas, y en el susurro de sus ocultos desmanes violentó conciencias, amedrentó voluntades, auguró desgracias colectivas. Es Venancio el chivo expiatorio que carga con las culpas de los Cabrera, pero aún así desafía la sensibilidad de los Ortega, achacando a uno de los suyos una complicidad, a todas luces imaginaria, pero seguramente contemplada. ¿Por qué no aparece en el Censo de 1910? Porque como el Judío Errante, como el conde Cagliostro, como el ánima sóla, no era censable.

Con el permiso, diría Luis López Nieves, todo esto está

muy bien, pero se olvidan ustedes de lo esencial, del hecho político clave. Es el general Henry a quien hay que esculcar, porque en el enramado oculto de la historia, persiste la gran conspiración indetectada, suprimida por el consenso tácito de los estudiosos con librea. Fue seguramente el indultador Henry quien en primer término envió a Venancio a sacrificar la novilla, a excitar la contienda entre los Cabrera y los Ortega, a dividir a Morovis y al país, exasperar los ánimos y así consolidar la maléfica conquista. Seguramente en Washington está el documento que lo comprueba, ocultado en un volumen de cosas nimias, en un expediente que nadie ha consultado, pero que al tocar las doce campanadas del 25 de julio de 1998 quedará patente, a la vista de todos, la gran infamia, el inconcebible atropello. Y esa verdad nos hará libres.

Esta carnavalización de la obra de nuestros amigos narradores sirve el propósito de ilustrar no sólo los múltiples enfoques que los autores de ficción pueden desplegar al examinar un mismo material histórico, sino también las muchas alternativas que los historiadores tienen a su disposición cuando traman una narración con unas fuentes. Porque de la misma manera que con unos testimonios afines los narradores pueden utilizar ésta o aquella táctica narrativa que favorezca su estrategia ficticia, también los historiadores se apoyan en algún esquema dúctil a sus prioridades de análisis del pasado. En esta documentación de Morovis tal historiador favorecerá las oposiciones raciales, aquella buscará las relaciones de género, la de mas allá estudiará mentalidades e imaginarios, éste se interesará en las estructuras de la cotidianidad, y aquella indagará sobre los juegos de las rivalidades y los roles de los actores sociales. Uno querrá remedar al antropólogo al examinar cómo los vecinos se acercan a la autoridad para pedir remedio a los desafueros sufridos o imaginados, el otro se contentará con ver las instituciones en función, y el tercero sólo se interesará por los detalles: ¿a casa de quien uno lleva una novia robada o una novilla sacrificada? ¿Cuál es el círculo en que se comparte el fruto de las transgresiones? ¿Quién denuncia, quién delata, cómo se miente, cuando uno calla? ¿A quién creen las autoridades, a qué autoridades se cree? Y para llevar a cabo todas estas operaciones, habrá que caracterizar y personificar, usar sinécdoque, metonimia y metáforas, crear y evocar voces narrativas, cultivar un tono, aportar énfasis, movilizar autoridades, ubicar eventos en paisajes y cronologías, establecer eventos paralelos, intercalar observaciones parentéticas, permitir o precipitar un desenlace. Narradores de ficción y de historia se aficionan a usar herramientas parecidas, y por el gusto de narrar, también los historiadores cuentan.

En vez de una Historia Mitológica

En el imaginario de muchas personas, Juana de Arco y Cristóbal Colón eran de ojos azules, porque así los tenían los actores que los representaron en películas. La imagen conservada es la de la convención artística. De igual modo, los nombres con que recordamos a varios personajes del pasado corresponden a la grafía con que se les inscribió en lenguas ajenas a la propia: Averroes y Avicena, Beatriz de Suabia y Catalina de Rusia, Clodoveo y Miguel Ángel.

Pero aún si estas personas reconocían otros nombres como los suyos sería arriesgado afirmar que no existieron. Los testimonios abundan. Sería ir contra la corriente poner en duda su existencia histórica.

¿Cuántos de los caciques que reclama la historiografía puertorriqueña pasan la prueba de la verificación histórica? ¿Aparecen sus nombres en los documentos contemporáneos a la conquista o sólo en crónicas o versos de autores que no estuvieron en Puerto Rico para la década de los 1510?

Los remiendos y parchos que narradores de los siglos 19 y 20 pusieron a las obras de Gonzalo Fernández de Oviedo y Juan de Castellanos habilitaron narrativas continuas de la conquista de Puerto Rico que todavía se endilgan en nuestras escuelas. El ejercicio se justifica por el supuesto carácter ejemplarizante de estos cuentos. De esta manera se forma a nuestros estudiantes en la aceptación acrítica de cualquier cosa que el maestro afirme con énfasis y engolamiento de la voz. ¡Ay de quién no crea que un tal Diego Salcedo fue ahogado en un río del oeste por instrucciones expresas de Urayoán!

En el curso de los años los encantos de la historia épica han crecido entre sus practicantes, que encuentran que un semestre no es suficiente para hablar de Guanina y Becerrillo. Ahora hay hasta un Pueblo Taíno de Nueva Jersey reclamando que se les devuelva la mitad de la isla. Aquellos polvos trajeron estos lodos.

¿Por qué insistimos en perpetuar esta mitología? Por la debilidad e inseguridad que rodea el ejercicio de representar nuestro pasado. Cualquier cosa que se distancie de la ejemplarizante historia viril y virtuosa que heredamos de nuestros predecesores constituye una amenaza a la identidad nacional. Las mujeres a duras penas han sido admitidas al panteón histórico, pero esto sólo si son letradas y patrióticas. Los esclavos tienen que ser rebeldes, los trabajadores militantes, los poetas consagrados a la defensa del idioma y la bandera. No hay lugar en nuestra historia para los homosexuales, no existieron, es invento de extranjeros y de americanizados. Los estadistas son notas al calce. Las transgresiones o son patrióticas o son consecuencias de la opresión extranjera.

Con todo lo cual nos hemos inhabilitado para comprender el presente. Como hemos llenado el pasado de paragones, no entendemos las incertidumbres presentes. Si el pasado fue tan armonioso y ejemplar, ¿por qué el presente es tan problemático?

La renuencia a asumir las complejidades de las etapas anteriores de nuestra sociedad y la propensión a adoptar esquemas explicativos fáciles y sencillos han plagado la enseñanza de la historia en Puerto Rico. ¿Cómo salir de esta situación?

En las últimas décadas ha habido una serie de tesis y de trabajos de investigación que han brindado visiones alternas de nuestro pasado. Desafortunadamente, muchos de estos trabajos han permanecido inéditos, porque no cuadran dentro de las expectativas de las principales casas editoriales. También hay crudos escritos testimoniales a los que los editores prefieren dar de la vista larga.

Los congresos y talleres en que se discuten trabajos históricos todavía prefieren las presentaciones de corte teórico y metodológico, en las que se examinan en abstracto posiciones encontradas, a los trabajos de investigación, en los que se estudian en detalle contradicciones del pasado. Sin desconocer la importancia de la teoría, quizás es hora de que sus especulaciones se ilustren con investigaciones palpables. Para ello se están produciendo interesantes investigaciones en el campo de la historia cultural mas reciente.

Pero es sobre todo en la docencia de la historia que se requieren mayores ajustes. Uno constata que en los salones universitarios muchos estudiantes no se atreven a participar en las discusiones, no porque no tengan los criterios para hacerlo, sino porque tienen malas memorias de ocasiones en que la expresión de planteamientos no afines a los del profesor o la profesora fueron ridiculizados o aplastados. ¿Para qué hablar si el profesor va a acabar imponiendo su opinión?

Enseñar a los estudiantes a dudar y pensar críticamente supone en primer lugar que aprendan a expresarse sin tratar de estar adivinando la posición "correcta" del profesor. Esto es fundamental. En los cursos sobre la historia de Puerto Rico muchas veces sienten que una opinión "errónea" puede ser representada como una contraria a la puertorriqueñidad. De ahí esos silencios, ese no querer mirar a los ojos al profesor, esas renuencias a participar diciendo que no tiene opinión. Han aprendido a no tomar riesgos.

¿Es eso lo que queremos?

Los Historiadores Historiados:

La Función de la Crítica Historiográfica en la Docencia

Introducción:
La historia se enseña para que los estudiantes aprendan a pensar históricamente

SE HAN DADO MUCHAS razones para justificar que los estudiantes tomen cursos de historia. Pocas de ellas suelen convencer a los estudiantes, quienes muchas veces salen con los predecibles reclamos: "¿De qué me sirve a mi saber que Cristóbal Colón descubrió a Puerto Rico para conseguir un trabajo?" A los 14 o 15 años la mente puede ser tan estrecha y las opiniones propias tan contundentes, que difícilmente lograremos inducirlos a cambiar de actitud hablándoles de la importancia de conocer las raíces de nuestra cultura o los logros y creaciones de las grandes figuras del pasado. Es en la interacción de la clase que lograremos capturar su interés. Pero es fundamental que nosotros los docentes estemos convencidos de lo que hacemos y podamos proyectar esa convicción a nuestros estudiantes. Porque en fin de cuentas la importancia de lo que hacemos no consiste en transmitir este u otro dato, relato, contestación o paradigma explicativo. Lo crucial de nuestra tarea es estimular a que los estudiantes aprendan a pensar históricamente.

¿En qué consiste pensar históricamente? Es llegar a ver en perspectiva los eventos y los procesos en un marco mas amplio que el del entorno geográfico y cultural inmediato.

Es abordar la historia comparativamente y no desde un punto de vista etnocéntrico. Es habitualmente preferir las explicaciones analíticas a las episódicas. Sobre todo es atender el reclamo de explicaciones racionales y comprobables con evidencia, y tratar de entender el entre-juego de diversos procesos causales en unos eventos del pasado.

El estudiante que adquiere la capacidad de pensar históricamente podrá manejar los eventos catastróficos, los grandes asuntos políticos, los vaivenes de la economía y los cambios culturales de su época con la perspectiva de que las continuidades y las rupturas en su mundo pueden ser explicadas a la luz de procesos históricos de larga duración.

Llevar a nuestros estudiantes a pensar históricamente es proveerles de herramientas para vivir en un mundo de economía globalizada, de constante cambio cultural, y de cada vez mas numerosas experiencias de hibridez, interdisciplinaridad y movilidad social. A la vez es proveerles un instrumental para calibrar lo genuinamente valioso en nuestras herencias colectivas. El problema para el maestro es cómo lograr esto dentro de las circunstancias concretas de su ejercicio docente.

Desmitificar

Cuando llegan a escuela superior la mayor parte de nuestros estudiantes han tenido cursos de historia de Puerto Rico en cuarto y séptimo grado, y han tenido algún contacto con las historias de América y Europa. Pero lo que los currículos no toman en cuenta es que los estudiantes también han visto un caudal de películas y de programas de televisión, muchos de ellos del género de fantasía, otros de supuesto carácter histórico, que les han llenado sus mentes de imágenes sobre el pasado. Han absorbido una enorme cantidad de explicaciones mitológicas, y estas no siempre atienden los contornos de tradiciones folclóricas nacionales, sino que emergen de un conjunto de mundos fantasiosos promovidos por los medios.

Buena parte de los estudiantes que abordan nuestros cursos de historia creen que ya conocen todo lo que es relevante del pasado porque ya han visto las películas. Troy, con Brad Pitt, La Pasión de Cristo, según Mel Gibson, y El Gladiador, con Russell Crowe ya les representan la antiguedad, y asumen que The Lord of the Rings nos muestra el medioevo. Es la España de Hollywood la que siempre pierde contra los galantes piratas ingleses, y es la Alemania de Hollywood la que siempre sucumbe ante los G.I.'s norteamericanos. Ya el pasado es territorio conocido, o como me dijo una vez un estudiante universitario, "Cómo que la papisa Juana no existió, si yo vi la película".

Como si las imágenes recibidas no fueran poco, la mente adolescente también se aferra a las pequeñas anécdotas recibidas de sus mayores, el Washington que cortó el árbol de cereza de su padre, el Guillermo Tell que le disparó una flecha a una manzana posada sobre la cabeza de su hijo, el Diego Salcedo mandado a ahogar por el cacique Urayoán. A veces estas pequeñas narraciones adquieren las proporciones de verdades de fe, amarradas a algún reclamo atávico por las ejecutorias injustamente olvidadas de un antepasado viril o una antepasada piadosa. En fin de cuentas, los adolescentes que llegan a nuestras aulas no vienen con la mente tabula rasa, sino con imaginarios poblados de asertos, supuestos, premisas, creencias y miedos que se han acumulado desordenadamente a lo largo de sus vidas.

Por eso es tan importante enseñarlos a dudar. La duda sistemática puede ser demoledora e inmovilizadora de las mentes jóvenes, y es por eso que es imprescindible que el joven o la joven aprenda que la duda es una herramienta útil, pero no es en sí misma el objetivo último de nuestra búsqueda intelectual. Pero de la misma manera que el recelo de que vayan a chocar el carro familiar no impide que les enseñemos a guiar, el miedo a los malos manejos de la duda no debe inhibir el que aprendan a dudar.

Sólo dudando podrán desenredar la maraña que impide aproximarse al conocimiento en perspectiva y en profundidad de como nuestro mundo se ha configurado. Para entender este mundo hay que dejar a Hollywood y a la tía memoriosa a un lado, y para eso el estudiante debe aprender a preguntar: ¿Y cómo sabemos eso? ¿Y dónde está la evidencia? ¿Y por qué con solo esa pequeña evidencia se ha venido a montar esta representación del pasado?

Dudar de los Historiadores

Inevitablemente lo que comienza desmontando las arbitrariedades hollywoodenses y las fantasías agnáticas, acaba preguntando: ¿Y por qué le tenemos que creer a los historiadores? Es aquí que la crítica histórica tiene la oportunidad de insertarse como un instrumento útil de la docencia.

Si tu abuelo te ha dicho que Estados Unidos ganó la guerra de Vietnam y el maestro dice que la perdió ¿quién es el árbitro? Se recurre al libro de historia para aclarar el punto, pero surge otra vez la duda ¿por qué creerle al libro en vez de al abuelo? Después de todo el abuelo dice que estuvo allí o que vivió en esos tiempos.

La táctica docente no debe buscar descalificar al abuelo sino mas bien ayudar al estudiante a calificar el libro de texto. ¿Qué evidencia tiene el autor para afirmar lo que dice? ¿Esa evidencia es comprobable? Búscala en el internet y en la biblioteca. ¿Es suficiente la evidencia para apoyar lo que el autor afirma? ¿Es una interpretación basada en premisas endebles? ¿La prueba se presta a otras interpretaciones? ¿Hay otra evidencia que no se ha tomado en cuenta?

El maestro objetará: Pero es que el estudiante no tiene esas destrezas críticas. Claro que no, por eso queremos que las obtenga, y nunca las va a tener si no ejercita su capacidad de cuestionar. Saldrá con mil juicios disparatados, de los que aprenderá a apartarse. Pero si no empieza desde joven a tratar de pensar por su cuenta, otros, incluyendo el maestro, seguirán haciéndolo por él o ella.

Una de las cosas que los estudiantes encontrarán corroborando el libro de historia que tienen en sus manos, es que los historiadores difieren entre sí. Tomemos, por ejemplo, el caso de la rentabilidad de la esclavitud puertorriqueña en el siglo 19. ¿Era mas ganancioso operar una hacienda con esclavos o con trabajadores libres? En 1852 el gobernador Fernando de Norzagaray, en un intento por detener la compra de esclavos en Puerto Rico por negociantes cubanos, que los embarcaban a La Habana, envió al Ministro de Ultramar un memorandum con una tabla en la que demostraba cuanto mas rentable era operar una hacienda con mano de obra esclava que con trabajadores libres. Su argumento era que Puerto Rico se arruinaría si se seguía permitiendo a los cubanos extraer de aquí la población esclava.

No habían pasado quince años y tres abolicionistas puertorriqueños, Francisco Mariano Quiñones, Segundo Ruiz Belvis y José Julián Acosta, presentaron a la Junta Informativa en Madrid una memoria en que buscaban documentar que lejos de ser ganânciosa, la esclavitud retardaba el desarrollo económico de Puerto Rico, por ser mas costoso operar una hacienda con esclavos que con trabajadores libres. La esclavitud debía de ser abolida no solo por razones humanitarias sino también porque era una rémora a la economía insular.

¿Quién tenía razón, Norzagaray o los abolicionistas?

Los quince años de diferencia entre los dos escritos deben pesar en la respuesta, porque entretanto hubo la epidemia del cólera del 1855-56 y se acentuó la resistencia esclava cotidiana contra el trabajo forzado. Pero aún tomando los quince años de diferencia en cuenta, la pregunta permanece válida. ¿Tenían razón hacendados como Simón Moret, de Guayama, o Manuel Nuñez Romeu, de Cayey, cuando privadamente lamentaron la abolición de la esclavitud, o era razonable el dictamen de los abolicionistas de que la esclavitud era demasiado costosa para mantenerse como institución?

Es interesante observar lo que ocurre cuando se consulta a los historiadores de Puerto Rico para ver en sus escritos en que lado de la vertiente se sitúan. Algunos no toman en cuenta el punto, pero eso es ya tomar posición, al no querer considerar los aspectos económicos de la esclavitud y de la abolición. ¿Creen que sólo los elementos políticos y diplomáticos contaban? ¿Desdeñan la contribución esclava al fomento de la economía?

Un historiador liberal, como Salvador Brau, o socialista, como Loida Figueroa, le dieron paso a los argumentos de los abolicionistas, que pronunciaron la poca rentabilidad de la esclavitud. Otros historiadores, mas acuciados por el deseo de entender la racionalidad de la economía del siglo 19, como Andrés Ramos Mattei y Francisco Scarano, han cotejado libros de cuentas, inventarios judiciales e instrumentos de crédito para sopesar las ganancias de los esclavistas. ¿Quién piensa el estudiante que tiene la razón?

Al comparar la evidencia y los argumentos presentados por los historiadores, el estudiante entenderá la complejidad de las discusiones y la necesidad de matizar los acentos. Esa historia a raja-tablas de la oratoria cívica le parecerá desmesurada en comparación a las cuidadosas precisiones de la historia profesional. Entenderá que la historia es algo siempre por hacerse, nunca terminada, siempre abierta a nueva evidencia y nuevos argumentos.

Comparar con Otras Historias

No basta con estimular a los estudiantes a observar como distintos historiadores pueden interpelar de maneras alternas unos mismos eventos o procesos. Conviene también indicarles que una misma institución o corriente cultural o económica puede configurarse de maneras distintas en sociedades diferentes. Tomemos por ejemplo como se ha tratado el asunto del cultivo del café en las sociedades latinoamericanas. En Brasil la historia del café en el siglo 19 está estrechamente vinculada a la esclavitud; en Colombia las grandes luchas en la historia del café giran no en torno a su producción sino a su comercialización; en Guatemala el tema de las haciendas cafetaleras del 19 evoca la hegemonía extranjera sobre la mano de obra indígena; en Costa Rica lo que se dramatiza es el surgimiento y el auge del pequeño caficultor; en Cuba las fincas cafetalera de Oriente están vinculadas a la inmigración de franceses de Haití a principios del siglo 19 y a la lucha por la independencia en las últimas décadas de ese siglo. El café evoca muy distintos tratamientos en las respectivas historias nacionales. Los distintos componentes de la economía cafetalera juegan papeles diferentes: la posesión de la tierra, el acceso a mano de obra, al financiamiento, la comercialización, la introducción de tecnología en la elaboración del grano, el acarreo a los puertos, el papel respectivo de los mercados extranjeros. ¿Cómo esos elementos se articularon en otras partes de Latinoamérica, y como comparan esos mismos elementos en la producción cafetalera de Puerto Rico en el siglo 19?

Las diferencias en como la historia del café se ha

representado en distintas partes de Latinoamérica deben hacer al estudiante consciente de que estas diferencias se deben ver no solo en las particularidades de los procesos históricos mismos, sino también en la variedad de enfoques y en las distintas etapas historiográficas que la disciplina encuentra en cada una de estas naciones. No se trata solo de comparar historias, sino también de comparar historiografías.

Así el estudiante aprende que nuestro pasado no sólo es distinto al de otras sociedades sino que también se ha investigado, analizado y escrito de manera diferente a como, por ejemplo, se ha hecho la historia de Cuba o de República Dominicana. Las tres sociedades antillanas han tenido mucho de común en siglos pasados, pero sus historiografías muestran rasgos tan distintos que es inevitable percatarse que las coyunturas históricas en las que se escribe la historia han sido y continúan siendo distintas. Un historiador investiga y escribe desde las urgencias de su entorno inmediato. Los dominicanos han privilegiado el estudio de su historia política, mientras que los cubanos le han dado mayor peso a su historia económica y social. Los puertorriqueños hemos estado fascinado por temas como la inmigración, las resistencias esclavas, el abolicionismo, y los avatares de sus ideales políticos en maneras que nos distancian tanto de la historiografía cubana como de la dominicana. La historiografía hecha en Cuba se ocupa poco de la emigración, la dominicana a veces tiende a culpabilizar a los emigrantes y las puertorriqueñas a las autoridades. Estados Unidos representa polos muy distintos en los historiadores cubanos, dominicanos y puertorriqueños, y la memoria de España privilegia momentos distintos de la hegemonía hispánica en las tres islas. Para la historiografía cubana la ocupación británica de La Habana en 1760 ocupa un lugar muy distinto al del ataque británico de 1797 en la historiografía de Puerto Rico. En Cuba el movimiento autonomista se estudia poco, aunque en su momento fue importante; en las historias de Puerto Rico monopoliza la atención de las últimas dos décadas del siglo 19. La producción de la caña de azúcar ocupa espacios distintos en los imaginarios antillanos.

La experiencia de conocer como historias de distintas sociedades manejan de maneras alternas las instituciones, los procesos y los problemas comunes bien puede ayudar al estudiante a pensar que la historia es un producto circunstancial que responde a unas exigencias particulares, y que por lo tanto siempre está sujeto a profundización, ampliación y debate.

Historia y Pensamiento Crítico

Al estudio de la historia se llega no para aceptar como verdaderos hechos establecidos sino para plantear preguntas que cuestionan como esos hechos se han dado por establecidos. ¿Existió Diego Salcedo, y el cacique Urayoán dio instrucciones para que lo ahogaran? ¿Vinieron mujeres españolas y africanas a la isla en los siglos 16 y 17, o son los puertorriqueños descendientes de mujeres arauacas? ¿Quién fue Ramón Power y Giralt, y cómo los sucesivos historiadores lo han representado? ¿Qué papel efectivo juegan los esclavos en el proceso de su liberación? ¿Eran los gobernadores españoles del siglo 19 instrumentos para el rezago deliberado de la isla o propulsores de la modernidad? ¿Qué significó para el desarrollo del ideario estadista el republicanismo español de Barbosa? ¿Por qué el movimiento obrero tuvo mas arraigo en unas zonas de la isla que en otras? ¿Qué visión tuvo el nacionalismo de la modernidad? ¿Modernización y americanización fueron procesos complementarios o contradictorios? Estas y muchas otras preguntas mas pueden ayudar a desestabilizar las certidumbres arraigadas y a motivar a los estudiantes a buscar nuevas preguntas, nuevos cuestionamientos que dinamicen su aprendizaje de la historia y rebasen la pasividad acostumbrada de los cursos.

La crítica histórica puede ser una herramienta valiosa si se usa con sabiduría e imaginación.

Los siguientes ensayos primero aparecieron en estas publicaciones:

"El balcón de mi padre", *El Nuevo Día*, marzo 1984.

"La Colección Junghanns del Arhivo General" *El Nuevo Día, Revista Domingo*, 19 de marzo 2006, pp. 9-10.

"La Universidad en Juego", *Revista Cayey* (2003)

"Universidad y fundamentalismos," *Diálogo* (marzo-abril 2008), 28-29.

"La Invención de Grecia" (publicado como "Razón y pasión en la invención de Grecia," *Amauta* (revista digital), vol. 5 (2008).

"Lealtad y Progreso en el siglo 19," (publicado como "Refugiados de Utuado y Cayey" en *Alborada V* (2006), 2-15.

"Las Representaciones de la Heterodoxia" en María Dolores Luque (ed.), *Simposio Iglesia, Estado, Sociedad- Siglo XVII* (San Juan: Universidad del Sagrado Corazón, 2010), pp. 333-37.

"El Debate sobre la Criminalidad en 1894," *Claridad* (1994)

"El Recato de Historiar y el Placer de Novela", *Revista/Review Interamericana* (1998).

Fernando Picó, profesor universitario de Historia en la Universidad de Puerto Rico (Rio Piedras) y sacerdote jesuita, es autor de un libro sobre los jornaleros utuadeños en el siglo 19: *Libertad y servidumbre en el Puerto Rico del siglo 19*. Ha publicado también *Amargo café* y *Los gallos peleados*. En 1986, Ediciones Huracán publicó su *Historia general de Puerto Rico*.

Indice de nombres

Symbols

A

B

C

D

E

F

G

H

I

J

K

L

Y

Z